Miles Kington

Let's Parler Franglais!

Illustrations by Merrily Harpur

Penguin Books

Penguin Books Ltd, Harmondsworth, Middlesex, England
Penguin Books, 625 Madison Avenue, New York, New York 10022, U.S.A.
Penguin Books Australia Ltd, Ringwood, Victoria, Australia
Penguin Books Canada Ltd, 2801 John Street, Markham, Ontario, Canada L3R 1B4
Penguin Books (N.Z.) Ltd, 182–190 Wairau Road, Auckland 10, New Zealand

First published in Great Britain by Robson Books Ltd 1979
Published in Penguin Books 1981
Reprinted 1981 (twice), 1982

The author would like to thank the proprietors of *Punch*
magazine for permission to reproduce material in this book

Made and printed in Great Britain by
Hazell Watson & Viney Ltd, Aylesbury, Bucks
Set in Univers

Penguin Books
Let's Parler Franglais!

Une Outline Biographicale

Comme bébé, Miles Kington est arrivé le 13 mai, 1941, à Downpatrick, Ulster. Comme adolescent pimplé et gawky, il a fait son growing-up à Wrexham, Wales du nord. La scène de son éducation spasmodique était Glenalmond, en Scotland, où il a flirté avec la bagpipe, mais pas sérieusement.

Au Collège de la Trinité, Oxford, pendant trois (3) ans, j'ai étudié le français et l'allemand. (Je dis ''je'', parce que c'est *moi* en personne qui écrit ce life sketch. C'est une charade de prétendre que c'est écrit par un hack anonymeux de Pingouin. Vive le honesty!) Après Oxford, j'étais free-lance pendant quelques (some) ans. Mon big break arriva en 1968, avec mon joining le staff de *Punch,* le laughable weekly. Mon small break arriva en même temps (1968) avec ma nomination comme revieweur de jazz pour *The Times,* une fonction qui dura 10 (dix) ans.

Quoi else? Ah, oui. Je joue du double-bass avec le groupe scintillant qui s'appelle Instant Sunshine; nous avons fait 4 (4!) LPs. J'ai présenté une sélection de pièces par Alphonse Allais, un humoriste obscur français, en un livre: *The World of Alphonse Allais.* (Il est toujours obscur.) En 1978 j'ai commencé mon column 'Let's Parler Franglais!' dans les pages de *Punch.* Et en 1980 j'étais le présenteur d'un BBC-2 film, sur les railways de Péru, dans la série *Great Railway Journeys of the World.* Vous l'avez vu? C'était quite fun.

Maintenant je suis free-lance again. Ma plus récente production est ce blurb.

Ce livre n'est pas suitable pour:—

1 les schoolteachers
2 les browsers qui n'ont pas l'intention
   d'acheter le livre
3 les touristes qui pensent, wrongly, que
   c'est un genuine phrase book
4 les Français sérieux
5 M. Edouard Heath

Il contient des scènes explicites de contacte entre les langues
françaises et anglaises qui peuvent causer distress, chagrin,
malheur, heartburn, indigestion, travel sickness et insomnie
aux personnes d'un tempérament sensitif.

Preface

Bonjour.

Parlez-vous Franglais?

C'est un doddle.

Si vous êtes un fluent English-speaker, et si vous avez un 'O' Level français, Franglais est un morceau de gâteau.

Un 'O' Level de French est normalement inutile. Un nothing. Un wash-out. Les habitants de la France ne parlent pas 'O' Level French. Ils ne comprennent pas 'O' Level French. Un 'O' Level en français est un passeport à nowhere.

Mais maintenant "Let's Parler Franglais!" vous offre une occasion d'utiliser votre schoolboy French!

Avec ce livre, vous pouvez être un maître linguistique, amazer vos amis, sentir une nouvelle confiance, développer vos muscles, perdre le flab et attracter les birds.

Pas mal, hein?

Le Franglais n'est pas un gimmick. Il n'est pas un quick-improvement-method. Il est simplement un wonder-new-product qui remplace tous les autres wonder-new-products sur le market. Non, straight up, squire, vous ne le regretterez pas si vous achetez "Let's Parler Franglais". Tell you what, pour vous, pas £6. Pas £5. Pas meme £4.35. Pas £3! *Mais £2.29!*

Je suis crazy. A ce prix, je fais le give-away.

Un copy? Bon. Cash sur le nail. Merci, mate.

Maintenant je vais me rendre scarce.

Voici le fuzz.

Toodle-oo.

Acknowledgements

L'auteur reconnaît sa gratitude à beaucoup de personnages, trop numéreux à mentionner, mais spéciallement aux suivants:–

Les ambassadeurs de France et d'Angleterre, les producteurs du vin de Bordeaux, M. Pernod, the late Marcel Proust, Kensington Library, le 27 bus, le Wrexham football team, Henri Winterman, the wife, the late *Times* newspaper, Bob, Madge, Rod, Susie, Sharon, Rover le chien et tout le monde à 25 Fairfield Gardens, Alexander Solzhenitsyn pour sa suggestion dans Lesson 24, le Guggenheim Foundation, le Gulbenkian Fund, la Post Office, le monsieur anonyme qui a trouvé mon parapluie, Pierre Boizot, L'IMF, l'Arts Council, the wife, Buckingham Palace, Nicholson's Street Finder, Who's Who (1972), the late Chelsea football team, Fifi (salut, Fifi!), the wife, Alan "Hot Lips" Coren, les producteurs de Fab Greasy Shampoo pour lemony hair, Alphonse Allais, Le Liberal Party Mobile Discotheque, the wife, Pete Odd, Alka Seltzer, la Bibliothèque Nationale de Bulgaria, le Maryon-Davis School of Ballroom Dancing, les producteurs d'un certain product *(continué dans volume 2 de "Let's Parler Franglais!")*.

Lessons

Avertissement aux Lecteurs

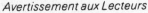

A la Gare

Guichet: Oui?

Client: Un second class return à Bexleymoor, s'il vous plaît.

Guichet: Parlez dans le trou marqué SPEAK HERE s'il vous plaît.

Client: Un second class return à Bexleymoor, s'il vous plaît.

Guichet: Plus haut.

Client: UN SECOND CLASS RETURN A BEXLEYMOOR, S'IL VOUS PLAIT!

Guichet: OK, OK, je ne suis pas deaf.

Client: Est-ce que je puis acheter un cheap return?

Guichet: Ça depend. Vous préférez le Weekend Return, le Mid-Month Special, le Day Rover, le Off-Peak Excursion ou le Limited Gadabout?

Client: Je ne sais pas.

Guichet: Bleeding enfer. Eh bien, quel train vous voulez prendre?

Client: Le 16.32 à Stainforth.

Guichet: Il n'y a pas de 16.32 à Stainforth. C'est dans un withdrawn situation, à cause de staff problems. Prenez le 17.05.

Client: OK.

Guichet: Si vous prenez le 17.05, le Weekend Return et le Mid-Month Special do not apply. Nous avons un très bon Bargain Break à Billericay, à 17.36.

Client: Je n'aime pas Billericay. Billericay est le back de beyond. Je veux aller à Bexleymoor.

Guichet: OK, OK, vous êtes le boss. Alors, je peux vous offrir un Golden Outing à Bexleymoor, return Monday, seulement £1.56.

Client: Terrifique. Et le departure time?

Guichet: Yesterday.

Client: Et today?

Guichet: £15.60, Full Price.

Client: Holy Guinness Book of Records!

Guichet: Si j'étais vous, je prendrais le Football Special à West Bromwich et tirerais le communication cord à Bexleymoor.

Client: Combien?

Guichet: £2.80. Plus £25 si vous êtes nicked.

Client: OK. Voilà £2.80.

Guichet: Environ ruddy time, aussi. La prochaine fois, make your mind up first. Next, s'il vous plaît.

Dans le Taxi

Chauffeur: Marble Arch?
Blimey, monsieur, c'est un peu
dodgy aujourd'hui. Le traffic est
absolument solide. C'est tout à
fait murder. Il y a un tailback
dans le Bayswater Road de
Shepherds'Bush jusqu'à flaming
Lancaster Gate, mais si vous
avez un couple d'heures
spare... Personellement, je
blâme le one-way system. Et la
police. Le one-way system et la
police. Je vous donne un typical
exemple—chaque soir à cinq
heures Hyde Park Corner est OK,
un peu busy j'admets, mais
basicallement OK, et puis la
police arrive pour diriger le
traffic et pouf! il y a un jam

almighty *immédiatement.*
Flaming flics. Je n'ai rien contre
la police, marquez-vous, ils font
un job terrifique, et moi je ne
serais pas un gendarme pour
tout le thé de Chine, mais ils
sont un lot de thickies. (*Il sonne
le klaxon.*) Maniaque! Excusez
mon français, c'était un bleeding
minicab. Vous prenez les
minicabs quelquefois?

Client: Non, je ....

Chauffeur: Les minicabs ruinent
tout. Un tas de no-hopers. Ils ne
peuvent pas distinguer entre un
steering wheel et un roulette
wheel. Vous faîtes le gambling,
vous?

Client: Non, je . . . .

Chauffeur: J'ai vu des choses, moi. L'autre soir, j'avais un Arabe et vous savez combien il avait perdu? 5,000 flaming livres! Course, pour lui c'est du pocket money. C'est rien pour lui d'acheter un Rolls pour le weekend. Personellement, je blâme le gouvernement—ils n'ont absolument nulle idée de comment l'autre moitié existe. Prenez les taxis, exemple. Combien vous croyez est le cost de keeping ce taxi sur la route, chaque semaine, including le rent et le diesel et les taxes et l'upkeep et la licence et le radio et le cleaning et le wear and tear et l'insurance? Hein? Pouvez-vous faire un guess?

Client: Non, je . . . .

Chauffeur: Presque 100 nicker! C'est diabolique. Quelquefois je crois que je dois être mad. Personellement, je blâme les noirs. Vous n'êtes pas noir, vous?

Client: Non, je . . . .

Chauffeur: Ah, voilà, Marble Arch. Merci, monsieur. Et merci. C'est un plaisir d'avoir un peu de conversation intelligente. Au revoir, guv.

Chez le Coiffeur

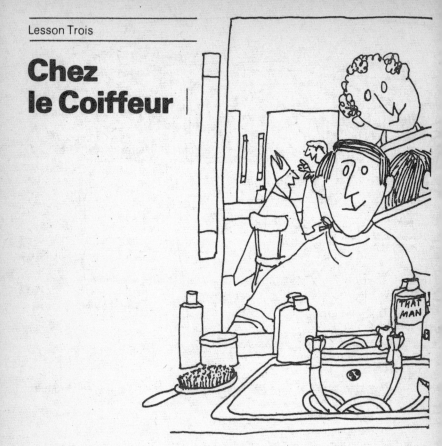

Coiffeur: L'usuel?

Client: Oui, merci. Ça va?

Coiffeur: Peux pas complain. Et vous?

Client: Peux pas complain. Et vous?

Coiffeur: Peux pas complain. . . .Vous avez vu le game?

Client: Oui, England était shocking.

Coiffeur: Ils sont un gang d'old ladies. Ils ne pourraient pas frapper le ball avec leur handbag.

Client: Le team du Royal College for the Blind joue better que ça.

Coiffeur: Vous avez vu le penalty?

Client: Diabolique. La décision du ref était diabolique.

Coiffeur: Il me rendit sick.

Client: Moi, je vis rouge. . . .Vous avez vu le programme?

Coiffeur: Oui. Mike Yarwood était pathétique.

Client: Shocking. Je crois que le script fut trouvé dans un dustbin. Incredible.

Coiffeur: Et c'est avec notre licence money qu'on fait ça!

Client: Quelquefois je pense que les commercials sont meilleurs que les programmes!

Coiffeur: Nice one, client. . . .! Vous avez vu les newspapers?

Client: Oui. C'est diabolique.

Coiffeur: David Owen peut être le pin-up boy du Labour Party——pour moi, il stinke.

Client: Le vieux Enoch parle beaucoup de sense, vous savez.

Coiffeur: Vous avez un point là. Et voilà! C'est fini.

Client: Vous avez mis un peu de Dr Lister's Wonder Sycamore Essence hair tonic?

Coiffeur: Oui, m'sieu. Quelque chose pour le weekend, peut-être?

Client: Non, merci Fat chance

Coiffeur: Never say die, m'sieu Oh, merci beaucoup.

Client: Toodle-oo.

Coiffeur: Toodle-oo, m'sieu, et mind how you go.

19

Le Phone–in Programme

Brian: Et maintenant nous allons over à Keith dans Ealing. Vous avez une question, Keith? (*Silence*) Etes-vous là, Keith? Oh, dear. Nous semblons avoir perdu Keith dans Ealing.

Keith: Allo?

Brian: Ah! Nous avons Keith dans Ealing! Et vous avez une question?

Keith: Bonsoir, Brian.

Brian: Bonsoir, Keith. (*Silence*) Vous avez une question?

Keith: Well, Brian, il faut dire que je suis un long-time listener à votre programme, mais je suis un first-time caller.

Brian: Bon, bon. Et vous avez une question?

Keith: Je trouve le programme très enjoyable. Je ne suis pas un bon sleeper, Brian, et votre programme me donne une sorte de company.

Brian: Je suis glad. Et vous avez une question?

Keith: Well, Brian, il me semble que les newspapers . . . at any rate, j'ai lu quelque part dans les newspapers . . . non, c'est Wedgwood Benn . . vous pouvez m'écouter?

Brian: Oui. Carry on, Keith.

Keith: Well, Brian, un ami à work m'a dit que Brussels a dit au Government que le postman anglais va disparaître. I mean, après 1980 le postman sera illegal. (*Silence*)

Brian: Et votre question?

Keith: Non, well, I mean, cela me semble not right. C'est un terrible liberty. N'est-ce pas?

Brian: It happens que je n'ai pas lu cet item particulier dans les newspapers. Vous êtes sûr? Que le postman va devenir illegal?

Keith: Oh, oui.

Brian: Well, Keith, si c'est vrai, je suis d'agreement avec vous. Le postman est une institution. Sans le postman, il y aura beaucoup de chiens avec rien à look forward to!

Keith: Ce n'est pas le point, Brian. I mean, je suis, moi, personellement, un postman. Je ne veux pas disparaître en 1980.

Brian: Bon. Merci, Keith dans Ealing.

Keith: J'ai seulement une chose de plus à dire, Brian. Qui blâmez-vous pour le football hooliganism?

Brian: Je crois que tout le monde est un peu guilty. C'est un social question.

Keith: Because je crois qu'un bon whipping leur ferait un world de good. Quand j'étais un kid, mon père m'a battu chaque jour. Cela a fait un homme de moi.

Brian: Merci, Keith, thanks for calling. Et maintenant Elsie dans Lambeth. Vous avez une question, Elsie? (*Silence*)

21

Dans le Portobello Road

Touriste: Excusez-moi...

Dealer: Oui?

Touriste: Qu'est-ce que c'est que ce strange device?

Dealer: C'est un genuine eighteenth century tortoise shell egg-cutter. C'est très rare.

Touriste: C'est exactement comme un eighteenth century shoehorn.

Dealer: C'est un egg-cutter-cum-shoehorn. C'est presque unique. Quand je dis eighteenth century, c'est peut-être Georgian. Ou Edwardian. Mais c'est definitely period.

Touriste: Le label dit que cela coûte £FR/GH. C'est vieux pence?

Dealer: Non, c'est dealer's language.

Touriste: Et en tourist language?

Dealer: It depends. Vous êtes d'Iran?

Touriste: Non. Je suis de Turkey.

Dealer: In that case, £30.

Touriste: Non, merci.

Dealer: OK, £25.

Touriste: Non, je regrette.

Dealer: Blimey, vous conduisez un hard bargain. Pour vous, £22, et je ne vais pas plus bas. Il m'a coûté £21.50, mate.

Touriste: Mmm.... Et cet objet-ci?

Dealer: Ça, c'est un genuine hand-made Regency cherry wooden leg, un d'un pair. £30. Ou £25.

Touriste: Et cela?

Dealer: C'est un genuine antique Victorian travelling egg-grinder, silver gilt with brass clasps. £30. Pour vous, £21.50.

Touriste: Et ça?

Dealer: Ce n'est pas for sale. C'est mon bottle-opener. Dorothy, fetch encore un couple de Guinness de Henekey's, there's a pet. Quelle espèce d'antique vous intéresse, m'sieu?

Touriste: A vrai dire, je n'aime pas les antiques. Je collectionne les German Nazi military equipment et insignia.

Dealer: Blimey, maintenant il me le dit! Dorothy, forget les Guinness. Apportez le Helmets/Armbands / Swastikas/ Million-Mark Notes box.

Touriste: Et toute chose est £30?

Naturellement.

Dans le Pub

Landlord: Vous désirez?

Punter: Oui. We've got deux pints, un demi de lager, un Campari et soda, un Bloody Mary et un Scotch.

Landlord: Je regrette, nous sommes right out of Campari.

Punter: Oh. Hold on un moment. Il dit qu'il est right out of Campari. . . . Right, maintenant nous avons trois pints de Guinness, un demi de lager, un Pimms No 1, et pour moi un Screwdriver.

Landlord: C'est-à-dire, le Pimms No 1. . .

Punter: Vous n'avez pas de Pimms Numéro Un?

Landlord: Si, si, mais aujourd'hui le cucumber est un peu floppy.

Punter: Dommage. Il dit le concombre est un peu flaccide. . . . OK, d'accord. Alors, c'est maintenant cinq Dubonnets et un pint de Guinness.

Landlord: OK, cinq Dubonnets. Mais le Guinness, euh, il faut vous aviser que c'est un peu heady à ce moment-là. Si vous pouvez attendre un quart d'heure. . . .

Punter: Oh, la, la. Il dit maintenant que le Guinness est dans un froth situation.

Landlord: C'est à cause du temps qu'il fait.

Punter: Dans un meteorological froth situation. . . . OK, ça va. Nous désirons maintenant six verres de vin. Vous avez du vin, peut-être?

Landlord: Mais oui! Toute sorte de vin!

Punter: Six verres de rosé.

Landlord: Toute sorte avec l'exception de rosé. Je pourrais toujours mélanger le rouge et le blanc.

Punter: Non, je crois pas. . . .

Landlord: Je n'ai pas d'objection si vous sortez pour acheter une bouteille de rosé et puis la boire ici.

Punter: Parfait!

Landlord: Il y un off-licence, seulement deux kilomètres d'ici. Et le corkage est £1.

Punter: Sod that. Six pints de bitter, s'il vous plaît.

Landlord: Voilà.

Punter: Et six packets de crisps, fromage et oignons.

Landlord: Je regrette, ils sont épuisés.

Punter: Il dit que les cheese 'n'onions sont exhausted . . . OK, un paquet de streaky bacon, un paquet de prawn cocktail flavour. . . .

Soho, Après Dark

Monsieur: Taxi! Taxi! *(Mais le taxi est plein)* … Damn … taxi! *(Le deuxième taxi est vide, mais le cabby ne le voit pas)* … Merde :.. Taxi! *(Le troisième taxi est vide, le cabby le voit, mais il fait un V-signe au monsieur et drives home)* Ah, c'en est trop!

Stranger: Monsieur désire un taxi?

Monsieur: Oui, mais … je ne vois pas de taxi.

Stranger: Suivez-moi. C'est round the corner.

Monsieur: OK…

Stranger: Through cette porte ici et down the stairs.

Monsieur: Vous avez un taxi au sous-sol?

Stranger: C'est une espèce de basement garage.

Monsieur: Alors, pourquoi il dit, à l'entrance, THE NAUGHTIEST SHOW IN LONDON!?

Stranger: Vous voulez un taxi ou vous voulez pas?

Monsieur: Oui, je veux.

Stranger: Alors, suivez-moi… Eh, maintenant, ça sera £3.

Monsieur: Pour le taxi?

Stranger: Non, pour le temporary membership.

Monsieur: OK.

Stranger: Et £2 admission charge.

Monsieur: Ah, non!

Stranger: OK, pas de taxi.

Monsieur: OK, OK. Voilà £2.

Stranger: Vous désirez un petit drink en attendant?

Monsieur: Non, merci.

Stranger: Fifi, une bouteille de champagne pour le gentleman. Dis bonjour au gentleman, Fifi.

Fifi: Hello, darling, having a good night out?

Monsieur: C'est vous, le driver du taxi?

Stranger: Non, Fifi est plutôt une autre passagère. You don't mind?

Monsieur: Non, je … Mais elle va catch cold comme ça. Elle porte presque rien.

Fifi: You don't like Fifi?

Monsieur: Oui, mais … Où est le taxi?

Stranger: Il vient, il vient. First, un petit entertainment! *(Cinq filles entrent. Elles ôtent leurs vêtements. Elles se rehabillent. Elles sortent. Clapping desultory.)* Et maintenant, le bill. £78.50.

Monsieur: £78.50?

Stranger: Ah, oui, vous avez raison. C'est seulement £78.

Monsieur: Pour un taxi? £78?

Stranger: Mais non, mais non, le taxi est libre! Merci, monsieur. Bonsoir, monsieur.

Les Renseignements

Monsieur: Excusez-moi, pouvez-vous m'indiquer la route à Chesterfield Avenue ?

1er Passant: Chesterfield Avenue ... Chesterfield Avenue ... Cela fait sonner une cloche ... Chesterfield ... C'est tout près de Farm Street, n'est-ce pas ?

Monsieur: Je ne sais pas.

1er Passant: Oui, j'en suis pretty sure. Farm Street.

Monsieur: Et où est Farm Street ?

1er Passant: Farm Street ... Farm Street ... D'ici, je ne sais pas. Sorry.

Monsieur: Excusez-moi, connaissez-vous Chesterfield

29

Avenue?

2ème Passant: Chesterfield Avenue? Non, c'est Chesterton Road. Il n'y a pas de Chesterfield Avenue.

Monsieur: Mais j'ai l'adresse ici.

2ème: Quand même.

Monsieur: Alors, vous connaissez Farm Street?

2ème: Farm Street? Je vous croyais à la recherche de Chesterton Road. D'ailleurs, il n'y a pas de Farm Street—c'est Farham Street.

3ème Passant: Farham Street est tout près d'ici. C'est le 5ème à gauche après le "Three Jolly Gardeners and Goat", bang next to Ron's Car Marché.

2ème Passant: Non, ça c'est *Parham* Street. Any road, Ron n'est plus là—c'est maintenant un restaurant de kebab/fish/pizza, le "Shish and Chips".

3ème Passant: Amazing, n'est-

ce pas? Next thing vous savez, on aura un local sex shop. Le mind boggles.

4ème Passant: Excusez mon eavesdropping, mais il y a en effet un nouveau sex shop in town. C'est absolument mind-blowing. Il faut que le council fasse quelque chose. J'étais là ce matin et c'est dégoûtant. C'est dans Chesterfield Avenue.

Monsieur: Chesterfield Avenue! Vous connaissez, donc! Donnez-moi, s'il vous plaît, les precise directions.

4ème Passant: Pour aller au sex shop? Pas sur votre Nelly!

Monsieur: Non, non, je cherche le ''Jack et Ethel Wainwright Academy de Dancing et Disco''. Cette semaine ils ont un Special Introductory Boogie Offer.

2ème: Connais pas cette école.

3ème: Jamais entendu parler.

4ème Passant: Je crois, monsieur, que vous pensez à Jack et Doris Wainwright qui sont les tenants du ''Lord Lucan Arms''. Mais j'ignorais qu'ils avaient commencé des dancing lessons.

3ème: Ils font un very nice chicken dans le panier, avec sangria.

2ème: Vous appelez cela du sangria? C'est plutôt un runny fruit salad. Moi, j'ai été à Benidorm, et à Jimmy's Bar ils font un real sangria …

4ème: Jimmy's Bar? Dans le Calle Juan Carlos?

3ème: Non, ça c'est la Bodega El Vino. Jimmy's Bar est dans l'Avenida Turistica. C'est le 8ème turning à gauche après Onkel Willis Dive Bar …

Monsieur: Excusez-moi, monsieur, mais je cherche Chesterfield Avenue.

5ème: Moi aussi.

31

Aux Summer Sales

Shopper: C'est combien, cette blouse à £6.99?

Shopgirl: C'est £5.50.

Shopper: C'est réduit de £6.99?

Shopgirl: Non, c'est dramatically slashed de £7.30.

Shopper: Alors, £7.30 est le prix normal?

Shopgirl: Non, c'est le Special Pre-Sale Purchase Price. £6.99 est le Sale Price. £5.50 est le Last Week of Sale Fantastic Reduction.

Shopper: Bon. Size 12, s'il vous plaît.

Shopgirl: Hélas, Size 12 n'est pas dans le Sale. Dans le Sale il y a seulement le Larger Woman, le Shorter Girl, le Extra Long Arms et le Outsize Shoulders. Size 12 est normal price.

Shopper: £7.30?

Shopgirl: Non, £10.

Shopper: £10!

Shopgirl: Oui, c'est le Full Luxury Garment Price, designed by Polly Flinders, exclusif à nous.

Shopper: Mais les autres sizes sont £5.50!

Shopgirl: Ah, les autres ne sont pas Polly Flinders Originals. Ils sont des exact copies, mass produced par Half-Price Sales Separates.

Shopper: Mais pas dans Size 12.

Shopgirl: Si. Il y avait plenty de Size 12. Ils étaient tous snapped up par "Bargain-Crazy Crowd of Pavement Campers on First Record-Breaking Day of Wildest Yet Sale", *Evening Standard,* July 12, all editions.

Shopper: Maintenant vous avez seulement les odd sizes?

Shopgirl: Oui, les sales shoppers sont toujours average build. C'est curieux, ça. Où sont toutes les freaks, les dwarfs, les giantesses, les long-armed ladies, les women wrestlers et les beanpoles? Cela vous donne à penser. Mark you, hier nous avions une one-armed lady. C'était triste, really.

Shopper: Pour une blouse?

Shopgirl: Non, pour le Fantastic Odd Single Glove Clearance Bargain Rack. Elle a acheté douze gants pour la main droite. C'est all go pendant les Sales. Alors, vous voulez une blouse à £10?

Shopper: Non merci.

Shopgirl: Entre vous et moi, il faut rentrer dans un fortnight pour le Special After-Sale Clearance Season. On va mettre les Polly Flinders Creations dans le Discontinued Line Bin, à £4.

Shopper: Pourquoi ils sont discontinued?

Shopgirl: Parce qu'ils sont trop chers à £10, of course.

A la Police Station

Monsieur: Je veux annoncer le vol d'un chat.

Constable: Ah, vous avez un chat volant? C'est rare.

Monsieur: Non, ce n'est pas un flying cat. Il a été volé. C'est stolen. Gone. Spirited away.

Constable: Quel nom, s'il vous plaît?

Monsieur: Mr Fortescue-Brown.

Constable: Curieux nom, pour un chat.

Monsieur: Non, c'est moi qui suis Mr Fortescue-Brown.

Constable: Cela ne me regarde pas. Vous n'êtes pas volé, vous. Comment s'appelle le chat? Il me faut remplir le Missing Pet Form.

Monsieur: Il s'appelle Peabody.

Constable: Goes by the name of Peabody. Description?

Monsieur: Il était five foot six, avec un macintosh.

Constable: C'est grand, pour un chat.

Monsieur: C'est une description du voleur.

Constable: First things first, sir. Approximate breed of beast?

Monsieur: Half Burmese, half Siamese.

Constable: Foreign-type cat. Y avait-il de distinguishing marks?

Monsieur: Il etait très gentil avec les enfants. Il n'aimait pas le poisson. Il a fait des cris horribles quand Russell Harty est à la TV.

Constable: Ce ne sont pas des distinguishing marks. Je veux dire des trucs comme, Three Legs, No Tail, Small Mink Coat, Cross-eyed ou Smells of Garlic.

Monsieur: Non, rien comme ça.

Constable: Approximate Value of Beast?

Monsieur: C'etait un kitten perdu. On l'a trouvé dans un sac.

Constable: On a volé le sac aussi?

Monsieur: Non.

Constable: Bon; il n'y a pas un Missing Sack Form. Alors, Approximate Value, nil.

Monsieur: Mais pour moi, Peabody est irreplaceable!

Constable: Approximate Value, £30. Eh bien, il n'y a pas beaucoup de clues. Nondescript foreign cat, n'aime pas Russell Harty. Il y a des millions comme ça.

Monsieur: Je veux offrir un reward de £50.

Constable: Ah, c'est différent! Par amazing coincidence, on a un chat ici qui correspond exactement à cette description. Je suis sûr que c'est le même. Mais first—le Missing Pet Reward Form.

Au Filling Station

Motoriste: Six gallons, s'il vous plaît.

Pompiste: De Trois-star, Quatre-star, Cinq-star, Multi-Blend, Super-Kick ou Wonder-flow?

Motoriste: Eeuh … Il y a une différence?

Pompiste: Non.

Motoriste: Alors, six gallons du cheapest … A propos, pouvez-vous donner un coup d'oeil à la machine après? Quand je déprime le clutch, il y a un peu de knocking dans le rocker box, et le fine tuning souffre.

Pompiste: C'est un filling station ici, pas un garage. Je suis pas méchanique. Gasket, tuning, clutch—pour moi, c'est double hollandais. Mais si vous désirez des tea-cloths avec views of England, ou un magnificent whisky-type tumbler offer, ou un Near-Hits-of-1941 album joué par Bob Barratt's Golden Strings…

Motoriste: Non, merci. Mais si vous pouvez donner un wipe au windscreen…

Pompiste: Non, je regrette. Mais si vous désirez un paquet de giant aniseed balls, ou un dangle dolly pour cacher le rear window mirror…

Motoriste: Mais si vous pouvez m'indiquer la route à Macclesfield, bon Dieu!!

Pompiste: Alors, vous tournez gauche au last petrol pump.

Motoriste: Oui.

Pompiste: Carry on par le signe TOILETS / TWO STROKE/AGENCY/OPEN.

Motoriste: Oui.

Pompiste: Cela vous mène au road. Après ça, vous n'avez qu'à suivre les road signs pour Macclesfield. Vous allez à Macclesfield on business?

Motoriste: Non, question de crime passionnel. Je cherche ma femme qui s'en va avec les enfants, le chien Hamish, le family silverware et un insurance man nommé Bresler.

Pompiste: Un petit bald bloke avec un silly Jimmy Hill beard?

Motoriste: Oui. Pourquoi?

Pompiste: Ils étaient ici five minutes ago. Il a acheté pour elle un Princess Anne tea cloth, une paire de dangle soccer boots et un sachet de *Mon Adultère.* Puis ils ont demandé la route à Macclesfield.

Motoriste: Salaud! Bastard! Deux-timers! Mais je les rattrape!

Pompiste: Mind how you go, sir.
Thank you for your custom…

Motoriste: Je vais les tuer, tous
les deux!!

Pompiste: …and please call
again.

Au Test Match

1er Monsieur: Sorry que je suis late. Vous avez vu un riveting morning's play?

2ème Monsieur: Non. Il y a eu le delay pour rain. Puis la pitch inspection. Puis le conferring des umpires. Puis la visite de la Queen, et le départ de la Queen. Puis le tossing du vieux half crown. Puis le picking up du half crown. Puis etc.

1er Monsieur: Puis un sensational opening stand?

2ème Monsieur: Non. Puis lunch taken early. Maintenant on fait le to-and-fro avec le heavy roller. Mais je vois les teams qui sortent du pavilion, dans un petit drizzle qui fait splish-splash sur leurs safety helmets.

1er Monsieur: Ah! Et les fielders, est-ce qui'ils courent, crient, chantent, célèbrent, cartwheelent et calypsonnent!?

2ème Monsieur: Pas exactement. Ils frottent leurs mains pour encourager la circulation.

1er Monsieur: Et qui va ouvrir le batting? Hadlee, peut-être? Ou Radley?

2ème Monsieur: Non, c'est Madleigh, le jeune Derby

opener et Sadly, le Somerset tout-rondeur, avec Tradly à numéro trois. Je prévois deux heures de careful stone-walling, suivi par un swift collapse.

1er Monsieur: Mais vous êtes pessimiste. Le cricket, c'est une gripping bataille intellectuelle! C'est un five-day chess match! C'est un enthralling, blow-by-blow, supremacy-type situation!

2ème Monsieur: Vous ne seriez pas un Radio 3 commentateur, par hasard?

1er Monsieur: Ah, Badlee va ouvrir le bowling.

2ème Monsieur: Avec un troisième homme profond...

1er Monsieur: Un mid-off stupide...

2ème Monsieur: Treize slips...

1er Monsieur: Et un floppy white sweater. Il s'approche, avec ce long loping stride...il accélère...ses pieds battent la terre comme un mad drummer...il passe l'umpire à 180 mph!

2ème Monsieur: Il bowle à 230 mph!

1er Monsieur: La balle hurtle à 460 mph! C'est un blur de rouge!

2ème Monsieur: C'est comme un shooting star!

1er Monsieur: Ou le bullet d'un assassin!!

2ème Monsieur: Mais Madleigh la pousse défensivement à mid-off...

1er Monsieur: Fadley fait le pick-up...

2ème Monsieur: Et la retourne au bowler.

1er Monsieur: Maintenant la pluie commence à tomber en earnest et tous les players laissent le field comme l'armée italienne. Still, c'était terrific stuff pendant que ça durait, n'est-ce pas?

2ème Monsieur: Non. Moi, je vais au cinéma.

1er Monsieur: Moi aussi.

39

Avec la Traffic Warden

Motoriste: OK, OK, je pars, je pars! Ne me donnez pas un ticket!

Warden: Trop tard, luv.

Motoriste: Chère demoiselle, ayez pitié!

Warden: Chère nothing. Vous êtes sur une ligne single jaune.

Motoriste: Mais j'ai laissé la voiture pour cinq minutes seulement, pendant que … euh … pendant que je dépensais un penny.

Warden: La voiture était ici il y a 45 minutes, à mon certain knowledge.

Motoriste: Quoi? Ah, oui! Oui, j'ai dépensé un autre penny il y a 45 minutes.

Warden: Alors, ça fait totalement £6.02. Amusement expensif, le penny-spending.

Motoriste: Mais soyez généreuse, ma petite demoiselle de la meter! J'étais aussi attrapé dans l'ascenseur!

Warden: Vous avez un ascenseur dans votre convenience? Très chic, ça!

Motoriste: Non, le WC à lequel j'ai fait visite est au 56ème étage du Monolith Building. J'étais attrapé dans l'ascenseur *après* la première visite. Quand j'étais finalement libéré par le maintenance engineer, j'avais déjà envie de faire une seconde visite. Cette fois j'ai grimpé l'escalier. Tous 56 étages. J'étais près de bursting.

Warden: Quel tissu d'old rope. Tirez l'autre, mate, il a des cloches, et prenez le ticket.

Motoriste: OK, OK, je veux faire confession. C'est pas vrai. J'ai menti. Je voulais tirer la laine pardessus vos yeux. Je suis liar et scoundrel.

Warden: Bon. Dites douze Ave Marias et prenez le ticket.

Motoriste: Parce que, en vérité, je faisais visite à ma femme qui est très, très malade. C'est un mercy dash.

Warden: Il n'y a pas d'hôpital près d'ici.

Motoriste: Non, c'est vrai … ma femme est très malade au 56ème étage du Monolith Building. Elle est Assistant Marketing Director (Strategy) du Monolith, mais elle n'aime pas les hauteurs et souffre de vertigo.

Femme: (arrive en courant)
Sorry, darling, mais je fus
attrapée dans l'ascenseur.

Warden: Vous êtes la femme de
ce motoriste?

Femme: Non, je suis le
secrétaire de sa femme.

Motoriste: Je vais être
brutalement franc. Je conduis
une affaire passionnée avec la
secrétaire de ma femme.

Warden: Et votre femme est
malade, oui ou non?

Motoriste: Non. Elle n'est pas
même là.

Warden: Alors, vous êtes liar,
illegal parker, home-breaker,
philanderer et une menace au
corporate well-being de
Monolith.

Motoriste: Oui.

Warden: £6, c'est cheap au prix.

Au Théâtre

Client: Je veux réserver cinq places pour l'Agatha Christie, ''Strangler on the Shore''

Guichet: Stalls, circle, matinée, evening, £3, £4, £6 ou box?

Client: Stalls, evening, £6, deux programmes et une boîte de Magie Noire, s'il vous plaît.

Guichet: JI–5. Mais ils sont very sideways.

Client: Oh.

Guichet: M13–17. Mais ils sont very far back, et vous avez un pillar problem.

Client: Oh.

Guichet: Ou A6–10.

Client: Ah!

Guichet: Mais on voit seulement les souliers des comédiens, et les underneath de leurs chins.

Client: Oh.

Guichet: Et en Acte II vous êtes vis-à-vis avec le corpse pour une demi-heure. De A6–10 on peut l'écouter qui respire. Un breathing corpse, c'est un peu putting-off, si vous me demandez. La semaine dernière, c'était terrible; il avait les sniffles.

Client: Je n'aimerais pas attraper une maladie d'un corpse.

Guichet: Ni moi non plus. Eh bien, je peux vous offrir cinq autres places.

Client: Ah!!

Guichet: D6, E18, H11–12 et J10.

Client: Mais ils sont tous séparés.

Guichet: Pourquoi pas? Dans le théâtre, quel est le point de s'asseoir ensemble? On ne fait pas le hand-holding, on ne demande pas le sel et poivre, on ne se parle pas. Sauf les Américains, bien entendu.

Client: Pourquoi les Américains?

Guichet: Parce qu'ils ne comprennent jamais ce qui se passe. Ils disent: "Gee, I don't understand why the old guy was knocked off" ou bien "Which one is Charles, for heaven's sake?" Je parie que quand Lincoln fut tué…

Client: Oui?

Guichet: Mrs Lincoln a dit, "Goldarn it, I suspected the wrong murderer all along!"

Client: Mais "Strangler on the Shore"…

Guichet: Même chose. Personne ne devine jamais que c'est le long-lost cousin qui est l'assassin.

Client: Ah, c'en est trop! Maintenant vous avez révélé l'identité du meurtrier! C'est un waste of time pour moi d'acheter les tickets!

Guichet: Ce sont nos orders, monsieur. Quand un show est totalement booked out, nous faisons le turn-away en révélant le plot. Next, please.

Aprés l'Accident

Scrounch!

Lui: (qui saute de son 1975 Escort) Sacré bleu! Flippin' enfer!

Elle: (qui saute de son Citroën estate) Nom d'un chien! Rover!

Lui: Pourquoi vous m'avez fait un ramming au backside, grand Dieu?

Elle: Pourquoi vous avez fait le sudden pulling-out sans signal, indicateur, beau geste ou autre espèce de communication préemptive, espèce de St Dunstan's?

Lui: Regardez, vous avez gratté la peinture au boot et donné une forme plutôt neo-expressioniste à mon bumper, jusqu'ici très Henry Moore, espèce d'art vandal!

Elle: Et vous, grand vieux hooligan en pin-stripe, vous avez cassé mon headlight avec toute la finesse d'un Rangers fan! What the Dickens…?

Lui: Mais, grand Scott … !

Elle: Mais, grand Balzac … !

Lui: Mais, espèce de Trollope…!

Elle: Cessez vos insultes superficiellement littéraires, monsieur. Sticks et stones peuvent casser mes os, mais les grands auteurs du 19th siècle ne peuvent jamais me blesser. Je veux savoir quelle sorte de récompense vous avez en mind.

Lui: Vous pensez que je vais tirer un wad de used fivers de ma poche? Jamais! C'est vous, madame, qui allez faire forfeit de votre pocket money pour les next five years.

Elle: Mais c'est vous, cochon de la route, qui conduisait comme un maniaque! C'est le South Circular, pas le Nurburgring!

Lui: Mais c'est vous, madwoman of Chaillot, qui s'est approchée comme si aux contrôles d'un $5\frac{1}{2}$ litre souped-up dodgem!

Elle: Ah! Assassin! Liberal voter!

Lui: Ah! Espèce de Thatcher enragée!

Elle: Sachez, monsieur, que mon mari est magistrat, à Bow Street!

Lui: Sachez, madame, que je suis Inspecteur Trottman de Scotland Yard!

Elle: Ah, oui? Mon mari, M. Wilkinson, m'a beaucoup parlé de vous.

Lui: Vous êtes la femme de Humphrey Wilkinson? Madame, je suis enchanté.

Elle: Moi, likewise.

Lui: Je fais mes excuses d'avoir conduit comme un Stirling Moss manqué.

Elle: Non, non, c'était moi qui dormait au wheel.

Lui: Non, madame, c'est moi qui...

Une Ligne Croisée

Monsieur: (qui fait, avec son doigt, au téléphone, les numéros 2..6..2..6..7..6..7..) Allo—âllo? C'est Train Enquiries, Paddington?

Ron: Karen?

Karen: Ron?

Ron: T'es là, chérie?

Karen: Oui, Ron. Qu'est-ce que c'est, ce tic-tic-tic-tic horrible?

Ron: Une crossed line, je pense. Anyway, je peux faire rendezvous avec toi ce soir? Tu veux bop the night away à The Green Bottle? Ils ont un terrifique new band——The Wrong Numbers.

Karen: Je ne sais pas. Je suis not so sure.

Ron: Comment, not so sure? Je croyais qu'on avait un good thing going.

Karen: Moi aussi. Mais à la disco…hier soir…tu dansais beaucoup avec cette brunette.

Ron: Qui? Quelle brunette?

Karen: Tu sais, Ron. Margot. La salesgirl chez Hunk o' Punk. Avec la frock bleue. Avec le bosom show-off.

Ron: Ah. Oui. Margot. Oui. C'est un peu vrai. Elle a les choses fantastiques. Oùi. Mais elle est une woodentop. C'est toi que j'aime. Elle est less than nothing.

Karen: C'est as maybe. C'est toujours la même histoire. On va à la disco. On danse. On boit un Coca-Cola. Et puis je te vois avec une autre fille. *(Un petit sniff.)*

Ron: Ce soir, à The Green Bottle, je danse seulement avec toi.

Karen: Non, Ron. Ce soir, je me lave les cheveux. Je veux essayer le New So-Gentle Raspberry-Yoghurt Non-Fattening Shampoo. Et regarder le film à la TV avec Roger Moore. Il est terrif.

Ron: Charmant, je suis sûr.

Karen: Mais demain je suis libre.

Ron: Ah … c'est que … demain je ne suis pas libre. Demain je fais visite à Mum et Dad à Basildon.

Monsieur: (qui est maintenant un èavesdropper fasciné) Ce n'est pas vrai. Il a un meeting secret avec Margot, de Hunk o' Punk, la sex bomb d'Oxford Street.

Karen: Ron?

Ron: Oui?

Karen: C'est vrai, ce qu'il dit?

Ron: Non! Non, non, non! Je n'aime que toi! Je te le jure! Je suis ton Ron!

Karen: Je ne te crois pas. Adieu. Farewell. C'est fini. Good-bye for ever, Ron.

Monsieur: Thank God for that. *(Il fait, avec son doigt, les numéros bien connus 2 . . 6 . . 2 . . 6 . . 7 . . 6 . . 7 . .)* Allo? Paddington? 125 and all that jive?

Ron: Karen?

Karen: Ron?

Monsieur: OK, OK, you win.

A La Poste

Monsieur: Dog licence, s'il vous plaît.

Official: Je regrette, on ne fait pas les dog licences ici.

Monsieur: Où, alors?

Official: A Swansea.

Monsieur: A Swansea? Mais je ne peux pas aller à Swansea!

Official: Je ne fais pas les régulations, moi.

Monsieur: Alors, je vais mettre le chien dans un paquet, et l'envoyer à Swansea.

Official: Impossible.

Monsieur: Pourquoi?

Official: Je ne fais pas les paquets. C'est à côté.

Monsieur: Que faîtes-vous, donc?

Official: Les timbres. Les télégrammes.

Monsieur: Alors, je vais envoyer le chien letter post.

Official: Impossible. Letter post est seulement pour les inanimate objects.

Monsieur: Alors, je vais lier ses pieds avec heavy duty garden twine, lui donner un knock-out drop (chocolate flavour, il adore ça) et coller les timbres sur son dos.

Official: OK, si vous voulez prendre le risque.

Monsieur: Et envoyer un télégramme à Swansea: ENVOYEZ DOG LICENCE HAIRY LETTER NOM DE FIDO.

Official: Ça fait £8.60.

Monsieur: Avez-vous des timbres commémoratives?

Official: Il y a le 5p "100ème Anniversaire de la Naissance de W H Smith," le 9p "Tribute à British Achievement: Invention de l'Alarm Clock" et 13p "Death de *Picture Post* Mourning Issue".

Monsieur: Hmm. Vous n'avez pas de leftover Battle of Hastings?

Official: Non. Pour cela il faut aller à Edimbourg, à la Philatelic Office.

Monsieur: Alors, je vais envoyer le chien à Cardiff via Edimbourg. Par avion.

Official: Par avion? OK, mais il y a un autre risque.

Monsieur: Lequel.

Official: Si l'avion rencontre des foggy conditions et il faut le divertir à Orly…

Monsieur: Oui?

Official: C'est forgery! Nous avons des dog detector vans partout! Prenez garde!

Monsieur: Partout?

Official: Eh bien... presque partout. Partout à Swansea, du moins.

Monsieur: Merci pour le tip. Au revoir, monsieur. Viens, Fido.

Official: Next please.

Official: Votre lettre doit passer six mois de quarantine, en revenant en Angleterre.

Monsieur: C'est vrai. Je n'y avais pas pensé. En ce cas, je vais changer la date sur le current licence.

49

Au Motor Show

Salesman: Bonjour, m'sieu. Vous voulez voir le nouveau Gandulf X-2 1978?

Monsieur: Le new Gandulf? Hmm. Cela a l'air un peu du Gandulf X-1 1977.

Salesman: Mais mon, mais non! Le Gandulf 1978 est chock-plein de this-year-type features. Regardez: le back-flip reclining seat, le chewing gum disposer, les heavy rock quad speakers, le hanger pour le shiny suit du travelling salesman, le safety belt Yves St Laurent qui est so-kind-to-clothes-dans-un-crash …

Monsieur: C'est all very well, mais …

Salesman: Ah! Je sais. Je sais ce que vous allez dire. Vous allez dire, n'est-ce pas, c'est all very well, mais la *performance*. What about la performance? Et vous avez raison. La performance du Gandulf X-2 est la même que jamais—et encore mieux! Il mange les kilomètres. Il cruise comme un hoverboat. Il est "very impressive" (*Car* magazine), "stunning" (*Autocar*) et "fan-bloody-

tastique" (*Gramophone*).

Monsieur: C'est all very well, mais …

Salesman: Ne me le dites pas! Je prévois votre drift. Vous pensez: les accessoires sont superbes, la performance est blistering, mais le *finish?* Vous êtes un expert, je le vois d'ici. Heureusement, le finish est sa carte de trumps. Le paint est superbond paint qui vient en quatre couleurs (Blue Streak, Fireball Red, Purple Heart et Mellow Yellow). La chrome est rustproof, skateboardproof, actofGodproof, et même kidproof. Essayez vous-même. Donnez un petit kick au Gandulf. Non—donnez un *grand* kick!

Monsieur: Oui, mais …

Salesman: Et vous avez raison! Ça serait un crime que de donner un kick au Gandulf. C'est presque trop bon pour mettre sur la route. Mais c'est just the thing pour un rising executive comme monsieur.

Monsieur: C'est all very well, mais je ne suis pas un rising executive. Je suis un prematurely balding architecte avec quatre enfants, un sheepdog nommé Killer et une femme qui commence la menopause.

Salesman: Et un petit drinking problem?

Monsieur: Oui, un peu.

Salesman: Je m'en doutais bien. Je connais exactement ce que vous désirez. Vous désirez, n'est-ce pas, un tough, non-nonsense station wagon?

Monsieur: Oui, mais …

Salesman: Avec un knob pour le yacht?

Monsieur: Oui, mais …

Salesman: Ce qu'il vous faut, ce n'est pas le Gandulf X-2 qui est, entre vous et moi, un flashy, over-priced tin palace. C'est le Gandulf Estate Runabout Bootboy Country Special. Venez voir!

Monsieur: Oui, mais …

Salesman: Et vous avez raison!

51

Au Kiosque à Journaux

Monsieur: Times, s'il vous plaît.

Newsagent: Il n'y a pas de *Times*. Toujours en suspension.

Monsieur: Alors, le *Guardian*.

Newsagent: Pas de *Guardian*. Les *Times*-readers ont pris tous les *Guardian*.

Monsieur: Et les *Guardian*-readers?

Newsagent: Le *Guardian* n'a pas de readers. Cela explique tous les misprints.

Monsieur: (*Il rit*) Ah, ah! Nice one, newsagent. *(Sérieux)* Le *Financial Times?*

Newsagent: N'est pas venu ce matin. Question de chapel meeting.

Monsieur: Je suis agnostique, moi.

Newsagent: Je suis écumenical, moi. Je vends le *Tablet* et le *Jewish Chronicle*.

Monsieur: Je prends le *Tablet*, alors.

Newsagent: Je regrette, mate, ça arrive demain.

Monsieur: Oh well, le *Telegraph*.

Newsagent: Faîtes-nous une faveur, squire! Le *Telegraph* est enfermé dans une management/employé confrontation.

Monsieur: Dear, dear. De quel journal vous avez un glut, alors?

Newsagent: Nous avons beaucoup de *Daily Express* de yesterday. J'ai un *Daily Mail*, très mauvaise condition, manquant pp 5–20, réduit à 3p. Il y a quelques *Svenska Dagbladet*, mais la date est incertaine. Et nous avons le *Morning Star*, avec exclusive scoop: "Maggie's Plan to Crush Proletariat"

Monsieur: Hmm. C'est vraiment tout?

Newsagent: Non. Il y a un *Blackburn Advertiser*, envoyé par erreur. Il y a le *Goole Times*.

Monsieur: C'est un horreur comic?

Newsagent: Ah ah! Nice one, customer! Il y a aussi *Knitting Weekly* (Free Needle Offer!), *World Medicine* (aussi Free Needle Offer!), le late lamented *Skateboard Monthly incorporating Punk Trash* et *Pocket Calculator News, Beano, Randy* ...

Monsieur: Vous avez *Punch?*

Newsagent: Ah, non. Il n'y a pas la demande, voyez-vous.

Monsieur: En tout cas, je voulais seulement savoir le résultat du 3.15 a Haydock Park. ,

Newsagent: Mais il fallait le dire, bon Dieu! C'était White Streak par un cou de Good Food Guide, avec Piano Tuner un mauvais troisième.

Monsieur: Merci beaucoup. Je prends le latest *Lovely Lesbian Ladies*, donc.

Newsagent: Ah, je regrette. On a saisi toutes les 150,000 copies.

Monsieur: Alors je vais m'asseoir dans la Tube et lire le journal du gentleman à côté.

Newsagent: Bonne idée. Next, please.

A la Librairie

Madame: Bonjour.

Bookseller: Bonjour, madame.

Madame: Je cherche le nouveau roman.

Bookseller: Le new novel? Bon! Nous avons beaucoup de nouveaux romans. Comment s'appelle-t-il?

Madame: Le titre exact m'échappe, mais c'est un peu comme "Love Came Flying". Ou peut-être "A Girl Like Rodney" Quelque chose comme ça.

Bookseller: Hmm. Et le nom de l'auteur?

Madame: Je l'ignore. Mais il porte un bow-tie.

Bookseller: Ah! Vous ne connaissez pas le nom de l'auteur, mais vous pouvez décrire son appareil. C'est curieux.

Madame: Il était à la TV hier soir. Il parlait de son livre. C'était exactement mon type de book. Bon story. Beaux caractères. Et un greeny-browny cover.

Bookseller: Alors, on sait que c'est un livre greeny-browny appelé "Rodney came Flying" par un homme au bow-tie.

Madame: Non, je me trompe. L'homme au bow-tie était le chairman de la discussion. L'auteur etait très ordinaire, mais il avait lovely eyes.

Bookseller: Il était vieux?

Madame: Non, jeune. Environ 60. Tiens, je me souviens du plot! Il y a un mari qui est middle-aged, et il rencontre cette jeune fille, et ils ont une affaire, mais ce n'est pas une affaire parce que la femme découvre les lettres et puis…

Bookseller: Cela me fait penser à "A Certain Lady" par Henry James.

Madame: C'est ça! Le nom de l'homme etait Henry James! Il avait les yeux tellement lovely.

Bookseller: Henry James est mort.

Madame: C'est soudain. A la TV, il avait l'air très healthy.

Bookseller: Il est mort en 1916.

Madame: Oh. Et il a été mis en prison en South Africa.

Bookseller: Qui? Henry James?

Madame: Non, non—l'homme dans le plot.

Bookseller: Madame, je suis un bookseller. Je n'ai pas le temps de lire les livres dans mon magasin. Je regrette, mais si vous ne connaissez ni le titre, ni l'auteur, ni le publisher, je ne peux pas vous aider.

Madame: Alors, donnez-moi any old new novel.

Bookseller: OK. Voilà "Jake's Thing" par Kingsley Amis.

Madame: C'est ça! C'est le roman dont je parlais! "Jake's Thing"!

Bookseller: Bon. Ça fait £4.95.

Madame: £4.95! Oh. En ce cas, je vais attendre le paperback. Au revoir.

Bookseller: Au revoir, madame.

Dans la Bus Queue

Madame: Excusez-moi, monsieur. C'est le stop pour le 15 bus?

Monsieur: Je l'espère bien.. C'est le bus que j'attends personellement, moi.

Madame: Bon … vous attendez le 15 depuis longtemps?

Monsieur: Oh non, pas tellement longtemps. Depuis mercredi.

Monsieur: Un jour et demi, plutôt. J'ai commencé mercredi soir, très tard. A closing time.

Madame: Et vous n'avez pas vu un seul bus?

Monsieur: Si, si. Mais quelques-uns étaient full up, d'autres allaient seulement au Strand, et

Madame: Depuis mercredi? Mais c'est aujourd'hui vendredi! Ça fait deux jours que vous attendez.

les autres ont oublié de stopper. Nowadays, c'est par pour la course.

Madame: Et vous allez loin?

Monsieur: Je vais en Egypte.

Madame: En Egypte! Par le 15 bus?

Monsieur: Oui. Mais il faut changer.

Madame: Cela ne m'étonne pas.

Monsieur: Au 502 bus.

Madame: Et le 502 va en Egypte?

Monsieur: Non. Il va à Waterloo, où je prends le train.

Madame: Pour Cairo?

Monsieur: Pour Portsmouth, où j'embarque sur le tramp ship *Russell Harty.*

Madame: C'est none of my business, mais pourquoi vous allez en Egypte?

Monsieur: Je cherche la source du Nil.

Madame: Excusez-moi pour nose-poking, mais je pensais qu'on avait découvert la source du Nil?

Monsieur: Oui. C'est un check-up.

Madame: Ah . . . . Tiens! Voici un 15 bus.

Conductor: Room for one seulement.

Madame: C'est pour vous, monsieur.

Monsieur: Non, j'insiste, madame.

Madame: C'est très gentil, monsieur.

Conductor: Come on, come on, on n'a pas tout le jour.

Madame: Au revoir, monsieur.

Monsieur: Enchanté, madame. Je vais même nommer une rivière après vous. A propos, comment vous appelez-vous?

Madame: Gladys.

Monsieur: Rio Gladys. C'est parfait. Dites-moi, Gladys, qu'est-ce que tu fais ce soir?

Madame: Enfin…rien.

Monsieur: Tu veux dîner avec moi?

Madame: Volontiers.

Conductor: Bon dieu, vous voulez monter ou vous voulez pas monter?

Madame: Non, merci.

Monsieur: Non, merci.

Conductor: Bleedin' enfer. 'Old tight, tout le monde.

Chez le Greengrocer

Madame: Bonjour. Vous avez des tomates?

Greengrocer: Oui, madame. Des Salad Tomatoes à 40p, des Rock Hard Salad Tomatoes à 45p et des Superb Rock Hard Salad Tomatoes à 60p.

Madame: C'est cher.

Greengrocer: Nous avons aussi des tomatoes à 18p.

Madame: De quelle sorte?

Greengrocer: Ce sont des Small Squashy Suppurating Soup Tomatoes. Ils sont very nice.

Madame: Hmm. Que sont-ils, ces petits objets de sexe indeterminé?

Greengrocer: Des strawberries hot-house de Peru. Seulement £5 per punnet.

Madame: Eeeugh. Vous avez des leeks?

Greengrocer: Les leeks sont so-so. Ils sont first crop. Très woody. Très taste-free. Très cher.

Madame: Qu'est-ce que c'est, cette espèce de driftwood?

Greengrocer: Ce sont des yams.

C'est très populaire avec les shoppers ethniques. Nous avons aussi des swedes, des turnips, des mangel wurzels.

Madame: C'est bon?

Greengrocer: Si vous êtes une vache.

Madame: Ce n'est pas le cas. Et les pommes—quelle sorte de pommes vous avez?

Greengrocer: Nous avons toute sorte de pomme. Semi-Cox, Quasi-Cox, Presque-Cox, Sort-of-Cox, Look-alike-Cox, et Damn-Near-Cox.

Madame: Non merci. Alors, des pommes de terre?

Greengrocer: Ah! Nous avons des new taters.

Madame: New?

Greengrocer: Ils sont très specials. Ils sont *vieux* new potatoes. Très grands, très solides, très loamy…

Madame: Non merci.

Greengrocer: Nous avons aussi des très late spring greens, des late season courgettes, des early caulis, des avocados Israelis, des choux chinois et

une légume verte tordue que je ne reconnais pas.

Madame: A un prix raisonnable?

Greengrocer: Oui! Eh bien, non. Enfin, non, à un prix scandaleux.

Madame: Et ce growth bushy et intéressant?

Greengrocer: C'est un Christmas tree. Premier du new crop. Délicieux steamed et servi avec porc, agneau ou poussin.

£10 seulement.

Madame: Non, merci. Un paquet de frozen peas, s'il vous plaît.

Greengrocer: Les frozen peas ne sont pas prêts à manger. Encore quelques jours…

Madame: Alors, je reviens samedi.

Greengrocer: Bon, au revoir, madame. Next, please…

Le Hôtel Breakfast

Garçon: Vous êtes prêt à choisir?

Monsieur: Je n'ai pas un menu.

Garçon: Il n'y a pas un menu. Je fais une récitation des choses availables.

Monsieur: Alors, récitez. Je suis tout oreilles.

Garçon: Il y a le breakfast continental à 95p ou le full English breakfast à £1.60.

Monsieur: En quoi ça consiste, le continental?

Garçon: Toast, beurre, jam, thé ou café.

Monsieur: Toast et jam est trop exciting, trop foreign et daring pour moi. Dites-moi le breakfast full English.

Garçon: Pour commencer, il y a des fruit juices…

Monsieur: Des fruit juices anglais? Bon! Quelle sorte?

Garçon: Eh bien, d'orange, de grapefruit, de tomates…

Monsieur: Pas les oranges anglaises. Ce n'est pas la saison.

Garçon: Il y a segments…

Monsieur: Non, merci.

Garçon: Ou des céreales. Il y a Rough-Brek, Ready-Shreds, Man-Made Fibres, Wholemeal Kleenex ou Timber-Bits. C'est fantastique pour les bowels.

Monsieur: Non, merci.

Garçon: Pour continuer, il y a bacon, egg, sausage et tomatoes. Ou egg, bacon et sausage. Ou sausage et bacon. Ou n'importe quelle combinaison de toutes ces ingrédients. Avec chips extra.

Monsieur: Corrigez-moi si j'ai tort, mais c'est exactement la même chose que le full lunch anglais, en changeant son nom en "mixed grill".

Garçon: Oui, monsieur.

Monsieur: Extraordinaire. Il n'y a pas une alternative?

Garçon: Si, monsieur. Kippers.

Monsieur: Expliquez-moi ça.

Garçon: C'est un petit animal qui consiste en 1,000 bones, brown dye et une odeur de poisson.

Monsieur: Non, merci.

Garçon: Puis il y a toast, beurre, jam et thé ou café.

Monsieur: Ah? Après un full English on mange un continental breakfast?

Garçon: C'est normal. On peut le manger aussi avec le high tea.

Monsieur: Extraordinaire.

Garçon: Qu'est-ce qu'il va prendre, monsieur, alors?

Monsieur: Rien, merci. J'ai soudain perdu tout appétit. Seulement une demi-bouteille de champagne et *The Times.*

Garçon: Le bar n'est pas ouvert, monsieur, et *The Times* est closed.

Monsieur: Bon. Je pars.

Garçon: Au revoir, monsieur.

Le Christmas Shopping

Shopman: Bonjour, monsieur.

Monsieur: Bonjour. Avez-vous un perdrix?

Shopman: Dans un pear tree?

Monsieur: Bien sûr.

Shopman: Non. Les perdrix dans le pear tree sont épuisés. Maintenant seulement dans le privet hedge, dans le box tree ou dans le creeper de Virginie.

Monsieur: Hmm. OK, le box tree. Deux turtle doves?

Shopman: Vous voulez des tortues qui volent, ou des oiseaux avec turtle markings?

Monsieur: Le deuxième.

Shopman: Dommage. On n'a que le premier.

Monsieur: OK, ça va. Trois poules françaises? Pour ainsi dire.

Shopman: Deux seulement. Il y a un trés bon line en poules néo-zélandaises.

Monsieur: OK. Deux françaises, une néo-zélandaise. Cinq anneaux d'or?

Shopman: Vous ne voulez pas de calling birds?

Monsieur: Si, si ! Silly moi.

Shopman: Calling birds sont discontinued. Les Japonais font un très cheap bird recording device. Et nous faisons le demi-douzaine d'anneaux d'or à un discount remarquable.

Monsieur: Parfait. Et les geese a-laying?

Shopman: Ce n'est pas la saison pour les oies pregnantes. Nous avons des deep-frozen goose pieces. Et des table mats très tasteful avec swans a-swimming, en sept attitudes différentes.

Monsieur: Merveilleux. Avez-vous huit demoiselles capables de retirer le lait des vaches, own stool provided?

Shopman: Est-ce que vous accepteriez un milk-float Unigate pour une semaine?

Monsieur: Mmmmm...

Shopman: Unlimited mileage?

Monsieur: OK. Maintenant, les joueurs de flûte et tambour...

Shopman: Pas de problème, squire. Nous avons un contingent moonlighting des Scots Fusiliers, très bons lads.

Monsieur: Alors, il ne reste que les lords et les ladies.

Shopman: Voyons. Lord Lucan n'est pas available, Lord Snowdon tient un low

profile...On peut faire un mixed lot de crowned heads, oui. Mais il y a plusieurs ex-kings...

Monsieur: Cheap stuff, eh? Never mind. Vous acceptez Dinars Card?

Shopman: Yugobank? Bien sûr.

Monsieur: Merci. Au revoir.

Le Flag Day

Flagseller: Monsieur, vous voulez donner?

Passant: C'est pour quelle bonne cause?

Flagseller: C'est pour le *Distressed et Homeless Flagsellers Benevolent Fund,* monsieur. Oxflag, for short.

Passant: Hmm. Vous savez,

madame, que selon le "Mobile Charity and Itinerant Collectors Act, 1949", j'ai le droit de connaître le destin de mon 10p.

Flagseller: Meaning?

Passant: Que vous devez, on request, me donner le financial breakdown de votre charity collection.

Flagseller: Ah! C'est bien simple. 8% est earmarked pour la construction des petites boîtes de flags suspendues par non-stretch all-weather string de nos cous (y compris cost de raw materials, labour etc). Encore 10% pour la construction et importation des flags eux-mêmes.

Passant: Un moment! S'ils sont importés, il n'y a pas occasion de les faire construire. Expliquez-moi ça, madame!

Flagseller: Volontiers. Les pins et les flags sont importés séparémment, l'un de Czechoslovakie, l'autre du Third World. Ils sont assemblés dans nos workshops par hand-picked disadvantaged ex-flagsellers.

Passant: Pardon, madame; je ne savais pas. Continuez, je vous prie.

Flagseller: Il y a une allocation de 27% pour tous les frais d'administration, accountancy, bureaucratie et recounting. Il y a un 2% write-off pour tous les halfpennies perdus. Il y a un 3% allowance pour les collecting tins avec des trous trop petits, de manière qu'ils n'acceptent pas les 50p. Et un 5% running fund pour "encouragement money".

Passant: Encouragement money?

Flagseller: Le money dans le tin, qu'on y met dans le seul but d'attirer l'attention des passants. *(Elle agite le tin, dans un rythme vaguement tango.)* Ah! J'avais oublié. Il y a aussi 45% pour Sundries.

Passant: Voilà un Sundries dazzling, même charismatique. Il y a une belle raison, naturellement.

Flagseller: Naturellement. C'est pour les overseas expeditions de nos directeurs, pour étudier les méthodes de flagsellers étrangers à St Moritz, Monte Carlo, Hawaii et aux Seychelles. Alors, vous donnez, monsieur?

Passant: Non. Ma première femme a élopé avec un flagseller.

Flagseller: Cela ne fait rien. Je suis aussi l'agency pour trois autres bonnes causes! Je collectionne pour *Prevention of Cruelty to Lifeboatmen's Children, Save the Auk* et *The Next Big Earthquake Fund.*

Passant: Voilà 10p pour le next big earthquake.

Flagseller: Merci, monsieur. Next, please.

Le Paiement

Shopman: Voilà, monsieur. Trois paires de night-glo socks. Quelque chose d'else? Trois-morceau suit? Spotty mouchoirs? Trendy underpants de Paris presqu'invisibles?

Monsieur: Non, merci.

Shopman: Alors, ça fait £2.70.

Monsieur: Vous acceptez Excess Card?

Shopman: Non, je regrette. Trop de risque.

Monsieur: Chèque avec carte de banque?

Shopman: Je regrette. Ditto.

Monsieur: Alors, vous acceptez le hard cash, je suppose.

Shopman: Hmmmm… quelquefois. Dollars?

Monsieur: Non. Sterling.

Shopman: Sterling, eh. On préfère Deutschmarks. Vous avez identity proof?

Monsieur: Preuve d'identité? Pour trois pound notes?

Shopman: C'est très risky, les pound notes.

Monsieur: Mon Dieu. OK, voici mon wallet, qui contient mon driving licence, mon parking permit, mon union card NUJ, mes library tickets et une photo des mes trois enfants, Barry, Sheila et Barry.

Shopman: Ce n'est pas une preuve de votre identité, une photo de vos enfants.

Monsieur: C'est une preuve de leur existence.

Shopman: Le cut-rate philosophy ne m'impressionne pas. Avez-vous encore de proof?

Monsieur: Vous voulez mes "O" Level certificates, peut-être.

Shopman: En quels sujets?

Monsieur: Histoire, Anglais et Art Appreciation.

Shopman: Histoire, hein? Dites-moi, donc, la date de la Bataille de Trafalgar.

Monsieur: 1815. Non, je dis un mensonge. C'est Waterloo. Trafalgar est… 17…

Shopman: Hmm. Art Appreciation. Qui a peint *Le Déjeuner sur L'Herbe?*

Monsieur: Ah, ça c'est facile! C'est Monet. Non, Manet. Ou Millais. Millet…?

Shopman: Dernière chance. Van Dyck est a) un peintre hollandais b) un TV comédien américain.

Monsieur: Un peintre hollandais!

Shopman: Non, je regrette. Van Dyck est une lesbienne hollandaise. On ne peut pas accepter votre cash, monsieur.

Monsieur: Ah, je commence a m'énerver! C'en est trop! *(Il tire un révolver.)* C'est un stick-up! Donnez-moi les socks!

Shopman: Mais monsieur n'a pas dit qu'il avait un arrangement ici…! Vous voulez quelque chose d'autre? Les pullovers? Les 'Arris Tweeds? Les dressing-gowns style de Noël…?

Le Hangover

Mari: Oah. Oah.

Femme: Quoi?

Mari: Oh. Ouf. Oah.

Femme: Comment, oh, ouf, et oah? Tu n'aimes pas les cornflakes?

Mari: Non, je n'aime pas les cornflakes. Ils font un bruit comme une division de Panzers.

Femme: Ah! Tu as un hang-over!

Mari: Ce n'est pas seulement un hangover. C'est la fin du monde.

Il y a un petit homme dans ma tête, qui fait le démolition work. Je crois qu'il est irlandais. Je suis dans un passing away situation. On me démolit pour l'érection d'un homme plus moderne.

Femme: Pauvre toi. Et pas de *Times* pour l'obituary: "Après un short hang-over, bravement supporté…"

Mari: Ne te moque pas des mentally handicapped, je t'en prie. Ouf. Aouah.

Femme: J'ai lu un article très intéressant par Kingsley Amis sur les cures de hang-over.

Mari: Ah, oui? Quand?

Femme: Chaque année depuis 1968.

Mari: Et son verdict?

Femme: Que toutes les cures de hang-over sont inefficaces. Inutiles. Un dead loss.

Mari: Merci.

Femme: Mais tu peux essayer un Super Prairie Oyster Special.

Mari: En quoi ça consiste?

Femme: Lea et Perrins, oeuf raw, poivre, garlic, Horlicks, cognac, baking powder, radish de cheval, aspirin…

Mari: Non, cesse, je t'implore. Ce n'est pas un pick-moi-up, c'est un embalming.

Femme: Alors, un poil du chien? Un petit pick-moi-up? A propos, qu'as-tu bu hier soir?

Mari: Où étais-je hier soir?

Femme: A la partie de bureau.

Mari: Ah, oui. Eh bien, j'ai commencé avec deux petits whiskys, puis quelques verres de vin rouge, puis, trois pints de Theakstons Vieux Bizarre, et après…

Femme: Et après?

Mari: Et après, la partie a commencé.

Femme: Mon Dieu. En ce cas, je recommande un bumper de potassium cyanide.

Mari: Il y a une chose. Nous avons un jour tranquille aujourd'hui. Pas de visiteurs. Je peux mourir en paix.

Femme: Tu as oublié?

Mari: Oublié? Oublié quoi?

Femme: Les in-laws arrivent ce matin. Et ce soir, un lovely family outing de dix-huit personnes à la pantomime.

Mari: Soddez-cela pour une alouette. Quelle pantomime?

Femme: Sleeping Beauty.

Mari: Bonne idée. Au revoir. Eugh. Ouaoaoah…

Chez le Fortune-Teller

Madame Gitane: C'est la première fois que vous consultez un sooth-sayer?

Monsieur: Oui.

Madame Gitane: Bon. Maintenant, les cartes. Je shuffle, coupe et deal. Et la première carte…ah!

Monsieur: Quoi?

Madame Gitane: Je vois…je vois votre genou. Vous avez un genou?

Monsieur: J'ai deux.

Madame Gitane: Et vous avez un scar, ou distinguishing mark?

Monsieur: Oui! C'est fantastique!

Madame Gitane: Quand vous étiez enfant, je crois que vous aviez un pet favori, n'est-ce pas?

Monsieur: Mon ferret, Fred! Oui!

Madame Gitane: Il est mort maintenant. Mais il m'a demandé de vous dire qu'il est très heureux dans le happy hunting ground. Et maintenant vous êtes marié?

Monsieur: Oui!

Madame Gitane: Avec une femme?

Monsieur: Oui!!

Madame Gitane: Et vous avez un job, qui est all right, mais un peu boring; si la promotion ne vient pas bientôt, vous pensez sérieusement à faire le looking round, parce qu'à votre âge les cushy billets ne poussent pas sur les arbres.

Monsieur: C'est uncanny! C'est exactement mon dilemma. C'est à cause de Mister Anderson. Il ne m'a jamais approuvé.

Madame Gitane: Les cartes me disent que M. Anderson va être écrasé par un juggernaut lorry avec un load de lemon verbena shampoo, 2p off.

Monsieur: Fabuleux! Quand?

Madame Gitane: Pas just yet. Ah! Le valet de pique!

Monsieur: Quoi?

Madame Gitane: Le J ◊ C'est mauvais, cela.

Monsieur: Mon Dieu! Pourquoi?

Madame Gitane: Je crois, peut-être, que vous avez un spot de

bother avec un enfant?

Monsieur: Oui! C'est ma fille, Susie. Elle voit ce bloke, Rick, qui est un jamais-fait-bien. Il est rubbish. Mais elle pense qu'il est la chose la plus merveilleuse sur two legs.

Madame Gitane: Voilà. Les cartes ne me disent plus rien.

Monsieur: Mais… vous n'avez pas d'advice? Des plans pour l'avenir? Des share tips?

Madame Gitane: Oui, sans doute, mais ça vient un peu plus expensif…

Monsieur: Oh, mais je paie tout ce que vous demandez…!

Madame Gitane: Bon. Maintenant la balle de crystal…

Dans le Travel Agency

Agent: Bonjour, monsieur! Vous désirez une no-trouble, sun-blanched, soleil 'n' sable vacance?

Monsieur: Non, merci. Je désire un fortnight historique et culture-riche en Yugoslavie.

Agent: J'ai la very thing! Un 14-jour monument 'n' mausoleum package avec Yugorelic.

Monsieur: Non, merci. Je veux loger au Hôtel Adriatik, 9 rue Tito, Splenk.

Agent: Splenk, eh? Jolie petite resorte, avec ses ikons, ses cafés et son twice-daily train…

Monsieur: A la chambre 128.

Agent: Ah. Je suis désolé, monsieur. Chambre 128 est totalement mass-booked. C'est une bloque-réservation pour Swedohols. Je peux vous donner Chambre 127…?

Monsieur: Non, merci. C'est exactement au-dessus des cuisines. Je déteste la fragrance de Yugochips. En ce cas, je fais ma seconde option: une there-et-back ocean outing.

Agent: J'ai la very thing! 14 jours de sparkling, sec, vintage sunshine avec Medcruise.

Monsieur: Non, merci. Je désire 14 jours de ciel gris à la Mer du Nord avec Durham Ferries, sur la *SS Visibility Nil,* dans la cabine No 46. Top bunk.

Agent: Oui, c'est libre! En effet, c'est le premier booking de 1979 pour Durham Ferries.

Monsieur: Bon. J'aime les no-passenger boats. Et les services du vieux Harry Palmer, le steward fidèle avec ses yarns et sa tendance à refuser les tips.

Agent: Hélas, Harry Palmer est maintenant dans le retirement. Il a été remplacé par le jeune Vic Pitt, qui contrôle aussi le night-time disco.

Monsieur: Quelle horreur! Cancellez le Durham Ferries booking. J'arrive à l'option dernière: un day return à Peking pour afternoon thé.

Agent: Rien de plus facile. Du lait?

Monsieur: Un soupçon.

Agent: Combien de lumps?

Monsieur: Deux, s'il vous plaît.

Agent: Bon. Voilà votre ticket. Day return à Peking, £450. Tea, gratuit. Shortbread, £3.50 extra.

Monsieur: Bon. Voilà mon chèque.

Agent: Bon. Vous prenez le
Jump Jet Harrier Shuttle de
Heathrow à 0530, le 6 juin.

Monsieur: Bon.

Agent: Bon. N'oubliez pas les
jabs.

Monsieur: Bon.

Agent: Bon.

Dans le Chip Shop

Kevin: Que manges-tu, Sheila? Je n'ai pas beaucoup d'argent ce soir, je regrette.

Sheila: Fish 'n' chips, s'il te plaît.

Kevin: Bon. Deux poisson frites, s'il vous plaît.

Fishman: Quelle espèce de poisson?

Kevin: Ah. Quelle espèce vous avez?

Fishman: Plaice, cod, haddock, skate. Tous à 90p. Avec frites, £1.15.

Kevin: C'est cher.

Fishman: C'est un give-away. Pour £1.15 vous avez aussi un Special Free Gift Offer!

Kevin: Ah, oui?

Fishman: Oui, Free Paper Wrapping Offer, maintenant avec Free Salt, Free Vinegar, Free Pepper et Free Brown Sauce!

Kevin: Hmm. Vous n'avez pas de poisson moins cher?

Fishman: Dans le Cheap Fish Range, nous avons rig, skad, plath et drit.

Kevin: ???

Fishman: Ce sont des autres noms pour rock salmon. Ou dog fish. A 70p.

Kevin: Avez-vous un Cheap Cheap Fish Range?

Fishman: Oui. Un New Line. *Onomatheicus Pseudopisces* n' chips. 40p.

Kevin: ????

Fishman: C'est un nouveau poisson, qu'on a trouvé dans le *Angler's Guide to Apparently Inedible Fish.* Dans les vieux jours, c'était un throwaway au quayside. Maintenant, c'est un New White Fish Taste Sensation. Nous avons fait le double-checking avec le Natural History Museum, et ce n'est pas toxique.

Kevin: Fascinant. C'est un poisson de mer?

Fishman: Oui…Eh bien, non. C'est un poisson de canal, reservoir, gravel pit et lac industriel. Il mesure 3 mètres, il a trois yeux, la bone structure est formidable et il a l'expression d'un dachshund désillusionné. Mais la viande est superbe.

Sheila: Oh, Kevin, que pensez-vous?

Kevin: Je ne sais pas … Il y a un Ultra Cheap Fish Range?

Fishman: Mmmm … Nous

avons eeltails, à 35p, mais ce
soir ils sont un peu tough. Il y a
mackerel eyes à 20p. Et, à 10p,
fish-flavoured wrapping paper.
C'est très populaire, cela.

Kevin: Bon—deux fish-flavoured
wrapping papers.

Fishman: 'N' chips?

Kevin: Vous avez un Cheap Chip
Range?

Fishman: Oui. Chipped Turnip à
20p, Bag de Chipped Bread à
15p, et Chipped Paper Bag à 5p.

Kevin: Merci. Deux paper 'n'
bags, s'il vous plaît.

Fishman: Coming up.

Dans le Stately Home

Guide: Nous entrons maintenant dans la Grande Salle. C'est le plus grand appartement du château. Il y a 6,789,000 morceaux de bois dans le plancher de parquet, qui a exactement les mêmes dimensions que Fulham Football Ground. Le ceiling est peint par Zugarelli, le pupile de Peffermill.

Touriste: Et il a les mêmes dimensions?

Guide: Pardon?

Touriste: Le ceiling. Il a aussi les dimensions de Fulham Football Ground?

Guide: Eeuh… eh bien… oui, je le suppose. A la droite vous voyez une chaise Chippendale, fabriquée par Chippendale, hence le nom Chippendale. Au mur en face, notez le portrait du 10th Duc, avec le distinctif drooping ear de la famille. L'artiste est Gaspachquez.

Touriste: Et qui est la bird?

Guide: Pardon?

Touriste: Le morceau de skirt dans le portrait. C'est qui?

Guide: La dame dans le portrait est la 10th Duchesse. Elle a élopé avec Gaspachquez. Le sujet est taboo dans la famille. Nous passons maintenant dans le Library … Le 11th Duc a fait une grande collection de livres sur l'histoire de la Crimea War. Il y en a 15,000.

Touriste: Qui a gagné la Crimea War?

Guide: Eeuh … Je ne sais pas, mais c'est dans ces 15,000 livres. On passe maintenant dans le Conservatoire. C'est ici que le 12th Duc a tenu

beaucoup de conversations avec Oscar Wilde, l'esprit fameux.

Touriste: Le 12th Duc était un raging vieux poofter, alors?

Guide: Mais non! Il a eu douze enfants, dont les portraits sont tous ici, par Sargent, Constable, Corporal, Bailiff, du Maurier, de Reszke, Sullivan, Powell, Moya, Whistler, Singer et Dancer.

Touriste: Tous tués pendant World War I, sans doute?

Guide: Oui, sauf Dorothy, qui a servi avec le Machine Gun Corps et était gravement blessée. Nous passons maintenant dans le Souvenir Shop, où il est traditionnel de dépenser beaucoup d'argent.

Touriste: Pour soutenir le pocket money du 14th Duc, sans doute.

Guide: (avec un air très digne): Monsieur, le 14th Duc, c'est moi!

Touriste: Et moi, je suis Barry Gaspachquez, descendant de la 10th Duchesse qui a élopé avec l'artiste en New South Wales!!

Guide: Mais je suis enchanté! Oui, vous avez le distinctif drooping ear! Venez crack une bouteille avec moi, vieux chap. Vous ne voudriez pas faire un take-over pour le château, par hasard?

Chez le Dentiste

Dentiste: Ouvrez ... encore ... ouvrez! Grande ouverte! Bon. Confortable?

Patient: Grungh ...

Dentiste: Bon. Eh bien, seulement un petit check-up. Oui?

Patient: Greungh ...

Dentiste: Bon ... Tut, tut. Oeufs 'n' bacon pour le petit déjeuner, n'est-ce pas?

Patient: Euurgh ...

Dentiste: Vous avez oublié de manger la plupart. C'est dégoûtant. Ouvrez!

Patient: Reeeugh ...

Dentiste: La prochaine fois que vous venez ici, brossez vos dents avant. Et rasez-vous aussi. Vous avez un shaver?

Patient: Ouh aah ...

Dentiste: Bon. Parce que votre chin est comme coconut matting. Chaque fois que je bouge, cela déchire mon nice clean white coat. A propos, votre halitose. C'est affreux. Ce n'est pas un problème dental, c'est un problème social. Vous permettez que je mette une masque? Ouvrez!

Patient: Brough ...

Dentiste: C'est intéressant, l'intérieur du nez, vous savez. Vous ne pouvez pas vous imaginer la différence entre les nez. Il y a des types avec des nez comme des tunnels du Circle Line, y a des autres dans lesquels on pourrait faire pousser des champignons. Le vôtre, c'est plus comme un molehill.

Patient: Meeaugh ...

Dentiste: Ne parlez pas, s'il vous plaît. Cela donne du brouillard à mon petit miroir. Et j'en ai besoin pour regarder vos dents de sagesse. A propos, vous savez que vous n'avez pas de dents de sagesse? Vous êtes né comme ça, sans wisdom teeth?

Patient: Neeugh, vousgh ...

Dentiste: Moi, je les ai extractés? Bon. J'ai bien fait. A propos, je ne trouve pas le petit morceau de cotton wool que j'ai mis dans votre bouche. Vous l'avez mangé?

Patient: Aaaeugh ...

Dentiste: Dommage. C'était mon dernier. Eh bien, j'ai terminé mon examen. Je trouve que vous souffrez de dandruff, baldness incipient, halitose, acne, myopia et Richardson's Disease.

Patient: Queeugh?

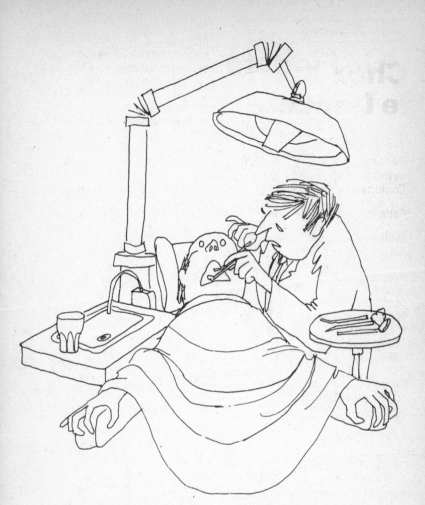

Dentiste: C'est un ami à moi. Belle petite disease. Ca attaque les ear-lobes.

Patient: Greugh?

Dentiste: Mais vos dents sont OK.

Patient: Aaaaeugh!

Dentiste: Aussi vais-je les tirer tous, pendant qu'ils sont sains. Faîtes un appointement, s'il vous plaît, avec Miss Floss pour une extraction complète.

Patient: Mais …

Dentiste: Et ne parlez pas pendant trois heures. Next!

A la Floriste

Floriste: Oui, monsieur?

Monsieur: C'est pour l'anniversaire de ma femme. Je désire un bouquet attractif, mais pas show-off.

Floriste: Bon. Des chrysanthèmes? Elles sont £1.50.

Monsieur: C'est beaucoup pour un bunch, madame.

Floriste: Ce n'est pas pour le bunch. C'est pour le sprig.

Monsieur: Bon Dieu! Je suis visibly shaken.

Floriste: Les tulipes sont belles et très long-lasting. Seulement 80p per bunch,

Monsieur: Combien dans un bunch?

Floriste: Trois.

Monsieur: Ce n'est pas un bunch, c'est un over-grown button-hole.

Floriste: Pour quelque chose de différent, pourquoi pas un display de dried grass?

Monsieur: Pour la femme? Ce n'est pas diplomatique, voyez-vous.

Floriste: Vous avez un point là.

Monsieur: Donnez-moi le run-down sur ces fleurs ici.

Floriste: Très lovely, très délicats. Ils sont des myosotis.

Monsieur: Hmm. Ils sont très rares?

Floriste: Pas spécialement. On les appelle aussi forget-me-not. Ils sont £2.50 le big bouquet.

Monsieur: Et le single forget-me-not?

Floriste: On ne fait pas le single forget-me-not. Ce n'est pas économiquement viable.

Monsieur: Eh bien, je prends une rose solitaire. Lé message est "Pour Sylvia" et l'adresse est 51, Lammermoor Gardens.

Floriste: Curieux. C'est le cinquième ce matin.

Monsieur: Oui, Sylvia est un nom très populaire.

Floriste: Et 51 Lammermoor Gardens est une adresse très populaire.

Monsieur: Comment? Vous avez eu d'autres clients qui ont envoyé des fleurs à ma femme?

Floriste: Deux douzaines de roses, un sac de freesias, une cascade de gladioli et une orchide.

Monsieur: Une orchide?

Floriste: A £12.

Monsieur: Mais . . . c'est horrible! Qui étaient ces hommes, ces gigolos?

Floriste: Je ne peux pas dire. La relation entre une floriste et ses clients est sacrée. Jamais je ne trahis les confiances!

Monsieur: Bon. Donnez-moi £15 worth de daffs. Et vite!

Floriste: Marqué "Pour Sylvia"?

Monsieur: Non. C'est pour Stephanie, Flat 5, Clarges St.

Après le Match

Supporter 1 : Typique.
Supporter 2 : Absolument typique.
Supporter 3 : La même vieille histoire.

Supporter 1 : On avait 90% du play.
Supporter 2 : On l'avait sewn up à half-time.
Supporter 3 : Et puis Shackleton fait un give-away goal sur une assiette.

Supporter 1 : Et c'est un 1-1 draw.
Supporter 2 : Typique.
Supporter 3 : Quelquefois, je me demande pourquoi je bother.

Supporter 1 : Ce Shackleton est un no-no.
Supporter 2 : Il est un woodentop.
Supporter 3 : Il est une positive liabilité. Il vaut un goal aux visiteurs, chaque fois. C'est un Muppet. Il joue sur stiltes. Il ne vaut pas même un free transfer. C'est un joke.

Supporter 1 : Marquez-vous, les condition s étaient très difficiles.
Supporter 2 : Et le ref était diabolique.
Supporter 3 : Et la balle ne courait pas pour nous.

Supporter 1 : Mais, quand tout est dit et fait, on aurait dû les massacrer.
Supporter 2 : C'est un point dans le drain.
Supporter 3 : C'est un nail dans le coffin de nos chances.

Supporter 1 : Quelquefois, je me demande pourquoi je bother.
Supporter 2 : Still et all, Murphy a bien joué.
Supporter 3 : Dommage qu'il n'avait pas de support.

Supporter 1 : Il a donné toute sorte de trouble au goalie.
Supporter 2 : Il est perdu ici.
Supporter 3 : Ils sont tous un gang de no-hopers.

Supporter 1 : Les visiteurs n'étaient pas mauvais.
Supporter 2 : Ils avaient leurs moments.
Supporter 3 : Leur Numero 9 était OK.

Supporter 1 : C'était bad luck qu'ils n'ont pas gagné.
Supporter 2 : Contre nous, tout le monde devrait gagner.
Supporter 3 : C'est vrai . . . Et le next match?

Supporter 1 : C'est mercredi. Un midweek fixture. Contre Arsenal.
Supporter 2 : 5-0 à Arsenal.
Supporter 3 : 6-0 si Shackleton joue.

Supporter 1 : Désastre.
Supporter 2 : Catastrophe.
Supporter 3 : Alors, à mercredi?

Supporter 1 : Oui. Même lieu, même heure.
Supporter 2 : See you.
Supporter 3 : See you.

Dans le Surgery

Médecin: Bonjour, M. Midgley. Comment va l'arthrite?

Patient: Je ne suis pas Midgley. Je suis Menzies.

Médecin: Bon. Alors, vous n'avez pas l'arthrite. Qu'est-ce que vous avez?

Patient: Je ne sais pas, docteur. Si je savais, je ne serais pas ici.

Médecin: Bon. Alors, donnez-moi un bref conducted tour de vos symptomes.

Patient: C'est difficile. J'ai short breath. Mes bras sont très lourds. Et j'ai perdu mon appétit.

Médecin: Bon. Je vais vous donner ces pilules rouges.

Patient: Pardon, mais vous m'avez donné ces pilules rouges la dernière fois.

Médecin: Bon. Avec quel résultat?

Patient: J'ai developpé short breath, des bras lourds et un appétit perdu.

Médecin: Bon. Il faut maintenant abandonner les pilules rouges. Je vais vous donner ces pilules jaunes.

Patient: Mais j'ai déjà pris des pilules jaunes, bleues, brunes et parti-colores.

Médecin: Hmm. Il me semble que vous prenez trop de pilules. Je vais vous prescrire un nouveau traitement. Pas de pilules!

Patient: Bon. Je vais essayer de ne pas oublier . . . Mais, après tout, quel est le nom de ma maladie?

Médecin: Eh bien . . . c'est à dire . . . il n'y a pas exactement un nom . . . c'est une condition . . . cela serait plus facile si vous aviez des symptomes plus concrètes. Vous n'avez pas, par

hasard, un nez bloqué?

Patient: Oui, un peu.

Médecin: Bon! Et le sore throat, et tired eyes, et dicky tummy, et dodgy legs?

Patient: Oui, un peu.

Médecin: Très bon! C'est un bug qui fait les rounds. Il s'appelle Watford 'Flu.

Patient: Et le traitement?

Médecin: Il n'y a pas de traitement. On se sent ghastly pendant trois jours, puis il s'en va. Je vais vous donner un sick note.

Patient: Eh bien . . . j'ai une confession. Ce n'est pas pour moi. C'est pour ma femme.

Médecin: Votre femme? *Elle* est malade?

Patient: Oui. Trop malade pour venir au surgery.

Médecin: Mais c'est une moquerie de la médecine! Il faut absolument que je fasse une diagnose exacte! Sans le patient, je suis perdu.

Patient: Je pensais . . . peut-être les pilules rouges?

Médecin: Bonne idée. Et si cela ne produit un effet . . . les pilules jaunes, brunes etc.

Patient: Bon. Merci, docteur. C'est un grand relief.

Médecin: Bon. Next, please!

La Telly

BBC-1: "... Dans l'an 5,000,000 BC, ce petit fossile était alive and well dans les rain forests tropicals qui sont maintenant Dulwich. C'est incroyable."

Père: C'est rubbish. Quel programme c'est?

Mère: That's Life on Earth par Esther Rantzen et ce nice M. Attenborough.

Père: Essaie BBC-2.

Mère: Sur BBC-2 il y a *Darwin: The Dancing Years* — une histoire expérimentale du monde par Dennis Potter.

Père: Ah, j'aime lui! Son *Oneupmanship* était spot on.

BBC-2: ''. . . Votre théorie d'Evolution est trop dangéreuse, M. Darwin. Il est élitiste! Tu veux danser . . . ?''

Père: C'est Lionel Blair?

Mère: C'est Colin Blakeley.

Père: Essaie ITV.

ITV: ''. . . Non, Jake! Jake, non! Ne tirez pas! Pas de shooting! Il est mon baby brother!''

Père: Oh, un western. Bon.

ITV: ''. . . Je regrette, Kate. C'est un homme à homme situation. C'est la fin du trail pour votre baby brother.''

Père: Bon. Shoot!

ITV: ''. . . Donnez-lui une dernière chance!''

Père: Non, shoot!

ITV: ''A la fin du jour, une tasse de Bed-Sit. Bed-Sit vous relaxe. Bed-Sit vous donne deep-down comfort. Bed-Sit. Maintenant métrique.''

Père: Bleeding' enfer. Essaie BBC-1 encore.

BBC-1: ''. . . une histoire de sexe, violence, drama, intrigue et Glenda Jackson.''

Père: Bon. Je la fancie, Glenda.

BBC-1: ''Tomorrow, sur BBC-1.''

Père: Ah, non, ce n'est pas juste! Essaie ITV-2.

Mère: Cela n'existe pas, ITV-2.

Père: ESSAIE ITV-2!

Mère: Bon, bon. Retiens tes cheveux.

ITV-2: ''Oscar Tango to Victor Mature. Am approaching Farley Street. Il y a un grand punch-up entre Millwall supporters et la National Front, coin de Lincoln Street.''

Père: C'est une police drame?

Mère: Non, c'est un vrai police car. Il a attrapé le wavelength de ITV-2.

Père: Coin de Lincoln Street? Mais c'est ici! Ouvre les rideaux! . . . Oui, voilà! Hé, c'est magnifique!

Mère: Je fais le switch-off de la TV?

Père: Oui. Nous avons un vrai programme dans la rue, avec violence, passion, drame et Millwall, qui joue gauche à droite.

Mère: Et Glenda Jackson?

Père: Ssh! N'interromps pas. Je regarde la real life. Passe-moi un lager.

Les Oiseaux et les Abeilles

Père: John …

Fils: Oui, papa?

Père: Ta mère a proposé que toi et moi … Elle pense que tu es maintenant assez vieux … Il faut que nous ayons un petit talk au sujet de … de …

Fils: Sexe?

Père: Oui. C'est très à propos, parce que le printemps commence enfin à arriver. Le sap se lève, et les pensées d'un jeune homme passent legèrement à…

Fils: Sexe?

Père: Oui. C'est un instinct très naturel. C'est sain et normal. Ce n'est pas …

Fils: … furtif et honteux?

Père: Exactement.

Fils: C'est l'expression physique d'une attraction mutuelle entre deux personnes.

Père: Comment tu sais tout cela?

Fils: Parce que je suis second year student de Sexual Studies à York.

Père: Vraiment? Je te croyais un trainee heating engineer.

Fils: C'est Frank, mon frère. Papa! J'ai 20 ans et j'habite avec ma girl-friend! C'est un peu tard pour le petit talk informal.

Père: Dommage. Je rencontre si rarement l'occasion d'avoir un coeur-à-coeur.

Fils: En ce cas, ma mère a proposé que je te parle un peu … Elle veut que nous parlions sérieusement au sujet de …

Père: L'argent?

Fils: Sexe. Tu sais, il y a un certain âge pour un homme, environ 40-45, quand il sent que la vie le dépasse. Sur le grand motorway de la Vie, il commence à décélérer. Les jours de la Fast Lane sont partis. Donc, il … il …

Père: Fait retraite au Hard Shoulder et appelle le RAC?

Fils: Non. Pour se persuader qu'il est toujours attractif et virile, il fait un dernier grand fling. Tu comprends?

Père: Oui. Fling, c'est une danse écossaise.

Fils: Il faut que je parle franchement. Ton affaire avec Mrs Louise Bedworthy embarrasse ma mère. Oui, je sais que c'est le printemps, que chaque petite brise semble murmurer Louise, mais …

Père: Mais c'est naturel et normal.

Fils: C'est aussi très dangéreux et risqué. Sois ton âge, papa!

Père: Tu as raison. J'ai été un fou. Je ne la reverrai jamais. Mon Dieu, j'ai été aveugle.

Fils: Bon. Si tu as encore de questions au sujet de sexe, tu sais, tu peux me demander n'importe quand.

Père: Merci. J'apprécie ce petit get-together.

Fils: Voilà un petit livre qui est très bon sur le sujet.

Dans le Lost Property

Monsieur: Vous êtes le lost property?

Homme: Oui. J'ai 2,000 parapluies, 5,000 chapeaux, 300 gumboots (odd), 400 necklaces de diamant (398 pastiche), un sawn-off shotgun et un four-poster bed. Cela, c'est pour starters. Prenez votre pick.

Monsieur: Eh bien, je voyageais dans le 15.38 de Birmingham à Euston et j'ai laissé : ...

Homme: Non! Laissez-moi deviner. Donnez-moi trois guesses. C'est à vous, le dressing table style Art Deco avec un drawer plein de lingerie et l'autre plein de top quality cocaine?

Monsieur: Non.

Homme: Ah, donc c'est le briefcase marqué Top Secret qui contient les plans hush hush British Leyland pour le nouveau Austin Panatella?

Monsieur: Non, c'est ...

Homme: Ou peut-être le cockatoo qui répète sans cesse les early works de T S Eliot dans un fort accent allemand? "Let us go, tsen, you and I !"

Monsieur: Non, non plus.

Homme: Dommage. J'ai envie d'étrangler ce flamin' bird.

Monsieur: La chose que j'ai laissée est, je regrette à dire ...

Homme: ... est le super de-luxe two-man Swiss Army knife, avec 128 fonctions, including electric toothbrush, cigarette vendomat et petit non-lethal bazooka! Dans ce cas, il faut vous aviser que la fag machine a été vandalisée.

Monsieur: Non, non, non. C'est simplement ...

Homme: Simplement? Ah, vous me donnez un clue! Simple ... simple ... c'est un doddle! C'est le plain gold cigarette case avec l'inscription "Get lost, soap-face".

Monsieur: Look, je suis busy ...

Homme: Alors. Voilà. Regardez. Je vais faire des déductions rigoureuses. Vous étiez sur le 15.38?

Monsieur: Oui.

Homme: Facing? Dans un smoker?

Monsieur: Oui, c'est ça.

Homme: 1ére classe? A8?

Monsieur: Mais comment …

Homme: Voilà ce que vous avez abandonné!

Femme: Allo, Charles.

Monsieur: Darling! Je suis heart-broken que je vous ai oubliée. Vous êtes all right?

Femme: Oui. J'ai eu un good time. J'ai dormi dans le four-poster, changé de ma lingerie chaque jour et mangé le chocolat du Swiss Army Knite. Mais maintenant je suis un peu home-sick. Au revoir, Sid.

Homme: Au revoir, chérie. Oh, merci, monsieur.

Quelle Heure Est-il?

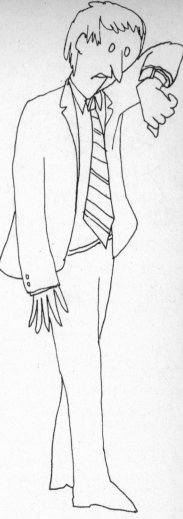

Fred: Quelle heure est-il?

Jim: C'est 19.07 et 24 secondes, 25, 26 . . .

Fred: Ah, vous avez une timepiece digimatique!

Jim: Oui. C'est un Multi-Phase Quartz Ever-Run Watch avec real leather binding.

Fred: Fancy.

Jim: Si je presse le knob, cela me donne la date. Voilà. ''31.4.79.BHS''.

Fred: BHS?

Jim: Bank Holiday, Scotland.

Fred: Blimey.

Jim: Et avec ce knob, on trouve la température. Voilà: ''8.4.NE.80S''.

Fred: C'est une température?

Jim: Eh bien, un forecast, really. 8° Centigrade, Force 4 NE, Pollen count 80, showery.

Fred: Stap moi.

Jim: Ce n'est pas tout. Avec un autre knob, on trouve Radio 4. Ecoutez.

Timepiece: ''. . . krutz va na pot lipsk, en va merzli . . .''

Fred: C'est Radio 4?

Jim: Non, c'est Radio Albania. Les wavelengths ont changé, malheureusement. Tiens, ce knob ici est la memo-cassette, pour enrégistrer mes passing thoughts.·

Timepiece: "Ce bundle de sweet Bordeaux est rubbish. Lucky si on recoupe la valeur des labels . . ."

Jim: Ah, le sale n'a pas commencé. C'est l'auctioneer qui parle à son sidekick.

Fred: J'ai oublié. Quelle heure est-il?

Jim: Voyons.

Timepiece: ". . . et beaucoup d'amour à granny et grandpa, et maintenant voici Andy Williams qui chante *That Yawning Feelin'* . . ."

Jim: Curieux. C'est Radio 2. Essayons ce knob.

Fred: Le dial dit: "1984". Je ne l'aime pas, Jim.

Jim: Moi non plus. Les knobs malfonctionnent. Encore un essai.

Timepiece: "Maintenant écoutez. Maintenant écoutez. C'est votre timepiece qui parle. C'est votre timepiece qui parle."

Jim: Mon Dieu! Qu'est-ce qui se passe?

Timepiece: "Voilà vos ordres."

Fred: C'est . . . c'est un take-over par les digimatiques!

Timepiece: "Je ne suis pas un digimatique. Je suis de la planète Quartzon. Maintenant écoutez . . ."

Timepiece: ". . . N'oubliez pas les sprouts . . . n'oubliez pas lunch avec Miranda . . . n'oubliez pas fleurs pour la femme . . ."

Jim: Hmm, well, yes. Et voilà un special exclusive feature. Direct radio link-up avec Sotheby's salerooms! Aujourd'hui c'est un sale de vins rares. Essayons un peu voir . . .

Déjeuner sur BR

Steward: Bonjour, Monsieur. Vous déjeunez?

Voyageur: Oui.

Steward: Vous avez un petit "First Sitting" card?

Voyageur: Non.

Steward: Ce n'est pas important. Vous êtes seul?

Voyageur: Non, je suis marié. Mais ma femme n'est pas ici.

Steward: Ce n'est pas important. Il y a toujours une place pour vous.

Voyageur: Merci.

Steward: Et pour commencer, il y a soupe, ou jus de fruit, ou salade.

Voyageur: Quelle sorte de soupe?

Steward: Tomate.

Voyageur: Quelle sorte de fruit juice?

Steward: Tomate.

Voyageur: Hmm. Et la salade, as like as not, est . . .

Steward: Oui.

Voyageur: S'il faut des tomates, je prends un Bloody Mary.

Steward: Bon, monsieur.

Voyageur: Et pour suivre, le steak.

Steward: Hélas, il n'y a pas de steak. Le shipment de beef, qui devait nous attendre à Nuneaton, a été dérouté à Doncaster.

Voyageur: Pourquoi?

Steward: Adverse conditions de weather.

Voyageur: Mais c'est un jour

94

glorieux!

Steward: Précisément. C'était une surprise totale.

Voyageur: Alors, roast lamb.

Steward: Je regrette, monsieur, le roast n'est pas available.

Voyageur: Snow sur les points?

Steward: Non, pas encore défrosté. Snow sur les joints.

Voyageur: Nice one, steward! Alors, vous recommandez....?

Steward: Un bon petit can de Newcastle Brown.

Voyageur: D'accord. Et après?

Steward: Fromage, fromage, fruit salad ou fromage.

Voyageur: Du café, s'il vous plaît.

Steward: Et avec?

Voyageur: Un cognac, je crois.

Steward: Alors, ça fait un Bloody Mary, un Newkie, un café, un cognac.

Voyageur: C'est ça.

Steward: Bon appétit, monsieur.

Voyageur: Merci.

Avertissement aux lecteurs

Le 12" LP LET'S PARLER FRANGLAIS
avec Peter Ustinov et
Sacha Distel

Le BBC-2 show LET'S PARLER FRANGLAIS
avec guest stars Peter Ustinov,
Sacha Distel, John Williams
et Cleo Laine

Le West End smash hit musical
LET'S CHANTER FRANGLAIS avec
Cleo Laine, Sacha Distel et
Michel Crawford, book par Benny Green,
lyrics par Herbert Kretzmer, costumes
par Hardy Amies, dictionnaires
by courtesy of Harraps

Les FRANGLAIS novelty dolls en
vente partout

N'ONT AUCUNE CONNECTION AVEC CE LIVRE.

Ils ne sont pas autorisés par nous.
Ils sont strictement pirate productions.
Prenez garde.
Merci.